KYOTO NISHIJIN
Chanoyu Textile

北村徳齋の仕事

裂地爛漫

北村徳齋 著

淡交社

目次

6 はじめに

9 北村徳齋の歴史と仕事

10 徳齋の歴史

22 徳齋の仕事

36 徳齋の店

41 裂地を愉しむ

44 金襴《きんらん》

45 大蔵錦

46 花蝶文金襴

47 紬地雲鶴宝尽文金襴

47 葫蘆吉祥唐草文金襴

48 大坂蜀錦

48 紫地大坂蜀錦金襴

49 東山裂

49 東山金襴

50 江戸和久田金襴

52 高台寺金襴

52 木下金襴

53 紬地人形手金襴

54 嵯峨金襴

54 浅葱地紗綾形菊唐草文綾

55 蜀江錦（七宝入）

55 蘇文答刺裂

56 加賀錦

57 北野裂

57 西蔵錦

58 黄蘗地銀襴唐華文錦

59 葡萄牙錦

59 桃山裂

60 萌黄地麟鳳文金襴錦

60 萌黄地龍鳳鶴文金襴錦

62 花喰鳥葡萄唐草金襴

63 渡裂（波文入）

63 渡裂（菊花入）

64 裂の不思議①

66 紹紦《しょうは》
67 紹紦富貴長命裂
68 紹紦東籬佳色
68 格子地丸龍草花文緞子
69 吉祥福寿文
70 紹紦利休こぼれ梅文様
72 紹紦斜石畳宝尽竜之丸文
72 蘇芳嘉卉段織
73 唐華文紹紦
74 正羽一重牡丹唐草
76 紹紦百合文
76 紹紦扶桑華文
77 紹紦胡蝶蘭
77 紹紦露草文
78 紹紦凌霄花文
78 紹紦繁蔞花文
79 紹紦梅花文
79 紹紦山巵子文
80 紹紦織名物東山純子
81 紹紦唐華文純子
82 大徳寺聚光院創建四百五十年記念帛紗
紹紦織遊猿図裂
紹紦織竹虎図裂
86 錦《にしき》
87 龍麒麟蜀江錦
87 丹地牡丹蜀江錦
88 萬歴蜀江錦
88 縹地蜀江錦
90 覆盆子手錦
90 小覆盆子手錦
90 駱駝文覆盆手錦
91 刈安牡丹唐草文錦
92 霰地花文錦
92 黄地霰地花文錦
93 法隆寺獅子狩文錦
94 葛城手牡丹唐草
94 茜地牡丹轡唐華文
95 波斯
96 梨地菊唐草
96 緋牡丹唐草鳳凰文錦
97 太子間道
98 間道《かんとう》
99 十彩間道
99 花文入船越間道
100 吉野間道（子持真田入）
100 辨柄吉野間道
101 吉野五色間道
101 繻子地間道

102 彌兵衛間道
103 小真田入吉野間道
103 黄地小真田入間道
104 今照気
104 利休間道
105 甲必丹（大縞）
105 茶宇縞
106 日野間道（赤緯縞）
106 日野間道（細縞）
106 日野間道（薄紫）
107 宮内麒麟手間道

108 純子《どんす》

109 飛雲獣純子
109 唐物緞子（瓢箪入）
110 華果唐草文純子
111 萌黄鴛鴦純子
111 欄絹純子
112 利休純子
114 萬代屋純子
115 有楽純子
115 吉祥文緞子（鶴亀鹿宝尽入）
116 縞地梅鉢純子（一名 伊予簾裂）
116 伊予簾純子
117 人形手花文緞子
118 花鳥文緞子（一名 苺盗人）
119 萬暦龍詰純子
119 唐物日月純子
120 炭素結晶文緞子（ダイヤモンド結晶体）
121 松竹梅純子
122 雲鶴緞子

123 繻珍《しゅちん》

123 唐花文繻珍

124 風通《ふうつう》

125 花鳥文金風通裂
125 竹之節風通
126 龍之丸金風通裂
127 蝶丸木賊手金風通裂
128 鳥丸金風通
130 蜀江手金風通裂
131 和蘭風通木綿
132 裂の不思議②

134 モール

135 菊唐草金銀莫臥児
135 花卉莫臥爾織
136 唐花文金莫臥爾織
138 莫臥児
139 渡裂（人形手）

140 波斯金莫臥爾織

141 干支帛紗を愉しむ

144 子
144 紹紀鼠奔葡萄蔓草裂
145 丑
145 紹紀仔牛梅鉢文
146 寅
146 虎緞子
147 紹紀虎豹文裂
148 卯
148 紹紀瑞兆白兎文
149 紹紀玉兎裂
150 辰
150 正羽飛龍乗雲丸
151 紹紀龍之落子裂
152 巳
152 紹紀襲色菱巳文
152 紹紀上巳文緞子
153 午
153 紹紀仔馬緞子
154 未
154 紹紀羊雲裂
155 紹紀双羊華文
156 申
156 紹紀福寿蟠桃猿果文
157 紹紀朝三暮四文
158 酉
158 紹紀鶏花佳容文
159 正羽立涌聞鶏起舞文
160 戌
160 紹紀小犬遊興文
161 亥
161 紹紀猪の子文
162 植物
162 紹紀鼠麹草文
162 紹紀牛繁縷文
163 紹紀虎杖文
163 紹紀狗尾草文
163 紹紀光蕚猪豆文
167 裂地索引（五十音順）

はじめに

茶道に関わる織物《おりもの》を見ているとき、一番に感じること、それは経糸《たていと》と緯糸《ぬきいと》が織り成す意匠《いしょう》の美しさです。これが数百年も前に織られ、選ばれ残されてきたことは、一つの奇跡と言えます。一片の「裂地《きれじ》」を帛紗《ふくさ》に、そして袋や表具《ひょうぐ》に仕立て、後世に引き継いでいく日本人の心の大らかさの根本には、「侘茶《わびちゃ》」の世界があることを見落とすわけにはまいりません。

織物は「用いる」ことを前提とした場合、一つの材料にしか過ぎません。職人の手を離れた織物は、「切る」「縫《ぬ》う」といった工程があって初めて「用のもの」となるのです。昔の織物が日本にこれほど存在しているのは、「用のもの」として裂地を扱ってきた茶道があったからこそだと思います。

北村徳斎帛紗店《きたむらとくさいふくさてん》は、京都・西陣《にしじん》で永年にわたって「茶道」の帛紗を作ることに従事しております。時代の流れか、織物の町として知られる西陣でさえ、ご他聞《たぶん》に洩《も》れず、だんだんと手仕事が絶えかけています。一度途絶《とだ》えた技術や歴史は、復活させることは非常に難しいものです。機械化や大量生産品が多くを占める現代では、手仕事などは、過去の技術と見なされてしまうのかもしれませんが、機械では真似のできない、手仕事だからこそ可能な技術というものも確かに存在します。今日、明日すぐに役に立たないような手法こそが、織物技術の文化を育ててきたのです。

　本書のお話を頂戴したときに、まず始めたことは我が家の歴史をふり返ることでした。歴史を繙《ひもと》くことによって西陣の有り様や、織り染めの仕事について新しい発見もありました。まだまだ勉強途中の身ではありますが、裂地をつくり帛紗にすることを仕事とし、また茶の湯を愛する者として、自分の言葉で古くから茶人に大切にされてきた裂地を紹介することで、本書を手にされた皆様に少しでもその魅力が伝わり、実際に裂地を手にしていただくきっかけになれば嬉しく思います。なお、本書の刊行のためにご尽力いただいた淡交社の伊藤英起氏・竹内文子氏、デザイナーの中井康史氏、カメラマンの大喜多政治氏、英訳にご協力いただいた寛ボルテール氏に対し、この場を借りて感謝申し上げます。

一、裂の名称（漢字表記および読み方）は「北村徳齋帛紗店」で用いる表記で記載しています。

一、分類方法に関しては諸説ありますが、ここでは「北村徳齋帛紗店」での分類法を基準としています。

一、本書で記載している「名物」という名称は、茶道の世界で長く習慣として許されている「厳密な写し」を意味するものであり、本歌を指すものではありません。

一、本書に掲載する裂はすべて「北村徳齋帛紗店」で扱っているものですが、裂によっては既に欠品となっているものもあります。

一、裂の色目は実際のものと異なる場合があります。

一、掲載頁により、裂の縮尺は異なり一定ではありません。

北村徳齋の歴史と仕事

Kitamura Tokusai
History and Work

徳齋の歴史

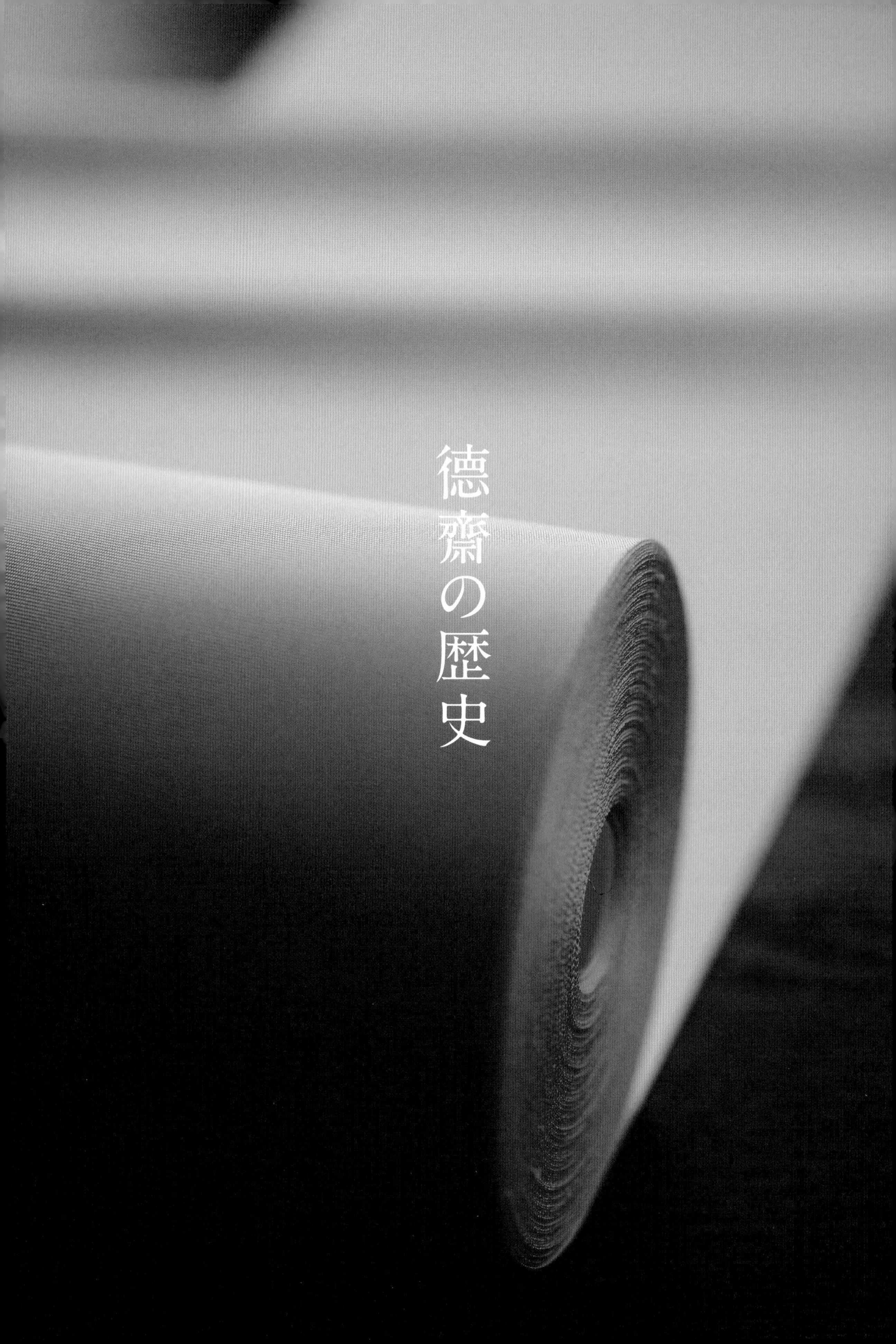

正徳《しょうとく》二年（一七一二）年、京都西陣《にしじん》の地に創業しました。当初は「北村利兵衛《りへえ》商店」として白生地《しろきじ》を扱う「白生地屋」だったようです。それから現在まで三百年にわたり、表千家・裏千家に近いこの地で生地・裂地を扱い続け、私で九代目となります。

当家の歴史を振り返ってみますと、最初から茶道帛紗専門であったのではなく、西陣に今もあるように、質のよい染め物の需要にあった白生地を提供することを仕事としてきたようですが、当時の詳しいことはよくわかっていません。京都では、天明八年（一七八八）二月に起こった「天明《てんめい》の大火」や、元治元年（一八六四）七月に長州藩と会津《あいづ》・薩摩《さつま》両藩が京都御所蛤御門《きょうとごしょはまぐりごもん》前で衝突《しょうとつ》した「禁門《きんもん》の変」による火災（どんどん焼け）などにより、西陣界隈も被災してしまっているため、過去帳の類《たぐい》の大部分が焼失したからです。ただ、過去どんな状況に置かれても、この西陣の地で連綿と商いをしてまいりました。

茶道帛紗を扱い始めたのは六代目の頃、三代利兵《りへ》衛《え》（一八七四〜一九三七）が当主の時代と思われます。歴代の当主は代々茶の湯を嗜《たしな》み愉しんでいたようで、『新版　茶道大辞典』（淡交社刊）によれば、六代目も裏千家の業躰《ぎょうてい》（茶道の家元の内弟子）であった金澤宗為《かなざわそうい》（一八七一〜一九三一）と、数寄者で白生地問屋であった中徳斎《なかとくさい》（？〜一九一七）に茶の湯を習っていたそうです。（現在、中家については北村家に詳しい資料は残っていませんが、母が幼少であった戦前、七代目の時代に、親戚の「中さん」という人が白のスーツ、白い靴にカンカン帽というオシャレな姿で、徳斎の番頭として働いていたことは覚えています。「中」ということで、中徳斎との関係も考えられますが、現在では詳細はわかっていません）

金澤業躰は裏千家十三代圓能斎《えんのうさい》宗匠の側近として、今日庵名誉教授になられた方であり、また中徳斎は本名を孫三郎、十二代又妙斎《ゆうみょうさい》宗匠より「徳斎」の号を贈られて今日庵老分となった方でした。その関係からか、利兵衛は圓能斎宗匠より「徳斎」の名を賜り、北村徳斎となっ

たようです。ここから北村家は本格的に茶道帛紗を扱う道を歩み始めることとなります。そして六代目は、金澤業躰の妹・ヒサ（一九四一年没）を妻として迎えています。

六代目とヒサの間には何人かの子どもが生まれますが、その中で、長女・きぬ（一九八一年没）だけが成人を迎えることができました。きぬは、江州五箇荘（現在の、滋賀県東近江市）から長治（一九六五年没）を婿に迎え、この長治が七代目当主・北村德齋となります。

七代目も茶道を嗜んだようで、裏千家十四代淡々斎《たんたんさい》（無限斎《むげんさい》）宗匠とも親しく交流させていただきました。私の母・佳代子《かよこ》（七代目四女・八代目妻）が娘時代（昭和の初期・戦前）には、七代目を中心にして、茶室・玄以庵（三室＝三畳・四畳半・六畳）と洋館のあった北村家別宅で茶を愉しんだ記録が残っています。

現在、店内に掛けてある「茶道帛紗調製処」と書かれた許状は、裏千家十四代を継承して

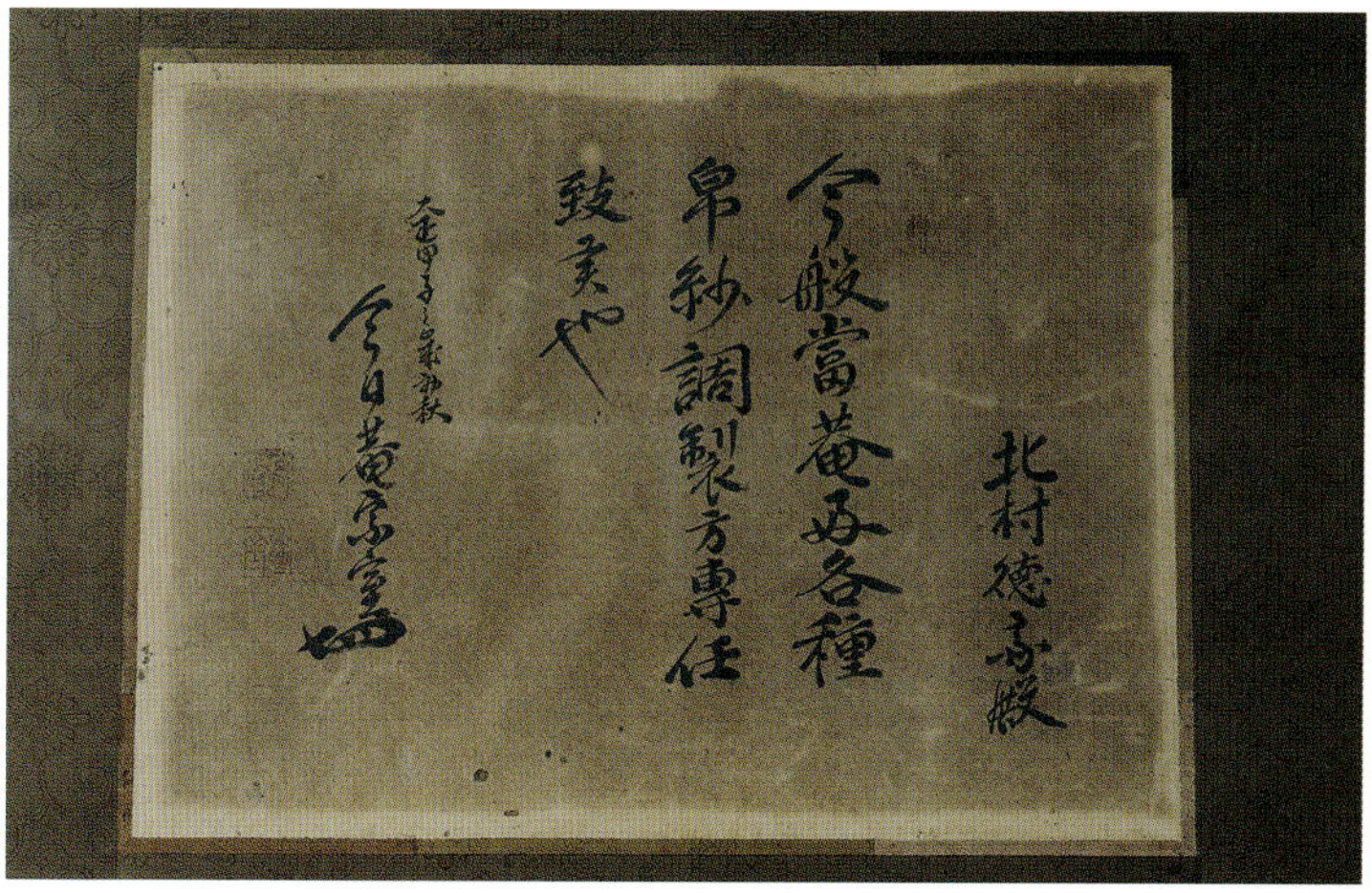

裏千家十四代淡々斎宗匠から頂戴した「茶道帛紗調製処」の許状

北村徳斎帛紗店の店内

間もなくの淡々斎宗匠から頂戴したもので、十一代玄々斎《げんげんさい》宗匠のお好みの「相伝帛紗《そうでんふくさ》」で額装されています。この「相伝帛紗」は、現在も製法を守って製造・販売しています。

七代目徳齋は、茶道以外にもさまざまな趣味を持っていて、めずらしいものでは蹴鞠《けまり》があり、蹴鞠保存会にも所属しておりました。我が家の蔵には七代目の所有した塗りの箱に入った蹴鞠があります。七代目妻（六代目娘）のきぬもまた、京都で釜を懸けるなど、忙しい家業の傍ら茶道を愉しみ、淡々斎御令室・嘉代子《かよこ》様とも親しくさせていただいておりました。

その四女の私の母は、娘時分より家業を手伝い、夕飯後は帛紗の縫製に勤《いそ》しみ、日中は店頭での応対もしていました。ときには関西圏のお得意先への配達もあり、宅急便などないこの時代、重い帛紗の入った風呂敷を持って電車で納品していたと言います。その頃の遠方への荷物造りは、木製のミカン箱に商品を入れ、それを麻縄《あさなわ》で括って運んでいったそうで、大変な

重労働でした。

第二次世界大戦中や戦後間もなくは、高級な絹を扱う帛紗の仕事どころではなく、日々家族が食べていくことで精一杯だったと言います。戦後一年経った頃より、以前の仕事仲間も仕事を始めるようになり、少しずつ品物が手に入り細々と苦境を凌《しの》いできました。

先代である父・八代目徳齋（一九三一〜九八）は、倉敷の人で名を賀一、七代目四女・佳代子の婿として北村家に入りました。八代目は京都市立芸術大学を卒業後、仙アート・スタヂオなどでデザインに従事するなど美的感覚に優れた人でした。その才能を生かし、友禅《ゆうぜん》帛紗《ふくさ》のデザインや名物裂《めいぶつぎれ》の復刻など、今日ある徳齋の土台を作った人です。さまざまなものに挑戦し、形としてきた八代目の功績で特筆すべきことが、長年途絶《とだ》えていた「文羅織《もんらおり》」の再現に尽力し、「北村徳齋文羅研究所（徳齋名物裂研究所）」を設立したことです。織組織《おりそしき》を復元するために織機《しょっき》から研究し、独自に再現した織機を建てて復刻に成

「北村徳齋文羅研究所（徳齋名物裂研究所）」内の写真。独自の織機を開発し文羅織研究に励んだ

八代目。今日の「徳斎」の土台を作った

当家にある裂帳の一部。これを元にして過去のさまざまな裂を復刻していく

功しました。この日本の技術を途絶えさせないために、各所の研究家からの求めに応じて組織や技術の伝承の協力を惜しみませんでした。また名物裂の復刻のために、茶家・大学・博物館などに伝わる裂帳を求めて訪ね歩いた記録が残っています。その裂帳は、現在私も大切に裂地復刻に活用しています。ほかにも草木染めで名物吉野《よしの》間道《かんとう》などを再現するなど、過去途絶えていた技法や新たな技術を開発していきました。（草木染めの帛紗は販売商品としては高価すぎるものになるため、参考品としてのみ残っているだけです）

また、父は本藍《ほんあい》で糸を染め、その糸での織りも研究をしていました。ちょうど私が十歳くらいの頃、クリーム色のカーディガンに習字の墨をつけてしまったとき、「それを染めてやろう」と父が藍染めの瓶で染めてくれたことがありました。「いいやろ、いいやろ」と言って渡してくれ、とてもよい色に染まっていたのですが、洗濯をしても藍の匂いが強く残り、子ども心に申し訳なく思いつつも、一度も袖を通さないままだっ

先代が草木染めで再現した裂

たのを覚えています。その後、当家の近くを通る堀川通に高いビルが建ち並び始めた頃に井戸水が止まってしまい、染め物ができなくなってしまいました。それまで使用していた大きな四つの瓶《かめ》は、現在は作業場に伏せて休んだままです。

　そして現在、私こと九代目徳齋の時代となっています。私がまだ子どもの頃は、西陣は御店《おたな》が軒《のき》を連ね、いたるところで機《はた》の音が響いていましたが、今では、その音もめっきり減りました。ここ数十年の間に町並みも大きく変わり、昔の西陣の風情を残す場所はほんの一部となってしまっています。町並みの変化とともに、それまで長い間、西陣で培われてきた意匠や技術は、時代を追うごとにどんどん衰退しています。壊すこと、失うことは簡単ですが、一度失われたものを復元し、さらに発展させることは非常に難しいことです。この仕事に就く際、私は西陣の町、そして先代の仕事からそのことを学びました。

　現在、徳齋は全国唯一の茶道帛紗専門店として、各流派の帛紗はもちろんのこと、茶器の仕覆《しふく》などの仕立て、名物裂や徳齋オリジナルの裂地で、茶席の必需品（帛紗・古帛紗《こぶくさ》・出帛紗《だしぶくさ》・数寄屋袋《すきやぶくろ》・帛紗挟み・楊枝《ようじ》入れ・袖落とし・帯・草履・着物など）の誂《あつら》えもしております。

　西陣には、日本が世界に誇れる染織技術・縫製技術があります。近年、着物を着ての生活が少なくなっているため、西陣の技術を保つことが難しくなっていることは事実です。日本の誇る織りの技術で高い品質を保った品物を、多くの方に身近にご利用いただくことにより、職人の染織技術・縫製技術を保ち、製造のための織機や道具などを後世に繋げて行けるよう努力しています。

　代々大切に繋いできた徳齋の精神を大切にし、国内外を問わず、徳齋の裂地のよさを知っていただき、織り・染め・仕立ての技術を継承していくため、日々精進の毎日です。

徳齋の仕事

徳齋の仕事は、帛紗のデザインと製造、茶器の仕《し》覆《ふく》や数奇屋袋《すきやぶくろ》などのお仕立てです。ここでは仕事の内容について紹介します。

◎帛紗とは

そもそも帛紗とは何でしょうか。『広辞苑』によれば、

①糊をひかない絹布で、表裏同色に縫ったもの。

②表裏二枚合わせ、または一枚物で方形に作った絹布。進物の上に掛け、または物を包むのに用いる。掛袱紗《ふくさ》。小袱紗。薄物。

③茶の湯で、茶器の塵《ちり》を払い、または茶碗を受ける縦横二七センチメートルに二九センチメートルほどの絹布。茶袱紗。

となっています。当然ながら当家で扱う帛紗は③の意味です。帛紗は古くは帛紗物と言われ、その漢字は、服紗、服茶、袱紗などいろいろと書かれますが、徳齋では『帛紗』の文字を使っています（淡々斎宗匠からいただいた許状も「帛紗調製方」という文字）。

「帛紗」の漢字に焦点を当てると、「帛」は白い

絹布。献上の上質な絹。「紗」は薄くやわらかい織物。すなわち「帛紗」とは、この二文字を重ねることで、清らかな絹織物をあらわしていることがわかります。

当家では、使い帛紗も古帛紗《こぶくさ》も出帛紗《だしぶくさ》（大帛紗）もすべての総称として「帛紗」と呼んでいます（流派によっても呼び方が異なりますが、仕事上では総称としてこれを用います）。また帛紗はすべて手縫いです。機械縫いと手縫いでは、手馴染みがまったく違うからです。

◎「染め」と「織り」

帛紗の裂は、大きく「染《そ》め物《もの》」と「織《お》り物《もの》」という二つの種類にわけられます。

「染め物」とは、白生地《しろきじ》にあとで地色《じいろ》や柄の色を染めたもの（「後《あと》染《ぞ》め」とも言う）で、着物の友禅《ゆうぜん》染めがその一つです。徳齋の「友禅帛紗」は、着物の友禅染めの技術を生かして塩瀬《しおぜ》地に柄を染めたものです。染めの古帛紗も別《べつ》誂《あつら》えして

色とりどりの塩瀬帛紗

います。

「織り物」とは、糸を染めてから柄がでるように織ったもの（「先染め」とも言う）です。徳齋では古帛紗・出帛紗、綴《つづ》れ帛紗挾みなどがこれにあたります。

◎染めの帛紗

・塩瀬無地帛紗

点前の際に、茶道具を清める塩瀬《しおぜ》の帛紗ですが、塩瀬帛紗には大きなこだわりがあります。

そもそも塩瀬とは「塩瀬羽二重《はぶたえ》」の略です。経糸《たていと》・緯糸《ぬきいと》ともに生糸《きいと》を用いた厚地の羽二重で、経糸を密にして緯糸に太糸を用いた絹の生織物《きおりもの》です。塩瀬帛紗は、生糸で織り、精錬《せいれん》の上で後染めします。

特に新潟県五泉で製織される塩瀬は一流とされ、古くからお願いしている織り元で茶道帛紗用に調製しております。これは創業が白生地屋であったことが、現在でも質が高く帛紗に合う白生

友禅染めの技法を用いて、美しいグラデーションに
染め上げた友禅帛紗

地へのこだわりとして受け継がれている証です。

赤・朱・紫の塩瀬無地帛紗には、重いものから「しろたへ」「特優《とくゆう》」「極上《ごくじょう》」「真《しん》」「行《ぎょう》」という名称を付けていますが、同じ織物でも絹糸の太さが異なり、一枚の帛紗の重さ・厚みが異なります。特に平成二十七年から商品化した一番重みのある「しろたへ」の製作には、三年以上の研究を重ねなければなりませんでした。重い塩瀬は堅くなりがちで、手に馴染《なじ》みがよい帛紗の柔らかさを保ちながら、重々しい風合いをだすために大変苦心しました。帛紗を捌《さば》いたときの重厚感《じゅうこうかん》や、畳んで置いた姿の美しさも感じていただけるのではないかと思います。これは気候や湿度にも大きく左右されるため、品質を保持するためにも春と秋に数を限定して製造しています。

どの重さ、厚みをお選びになるかは、茶会やお稽古などの場面を想像しながら実際に手にとり、捌《さば》いたときの馴染《なじ》み具合でお決めになるのがよろしいかと思います。

・友禅帛紗

京友禅の伝統と技術を生かした友禅帛紗は、八代目徳齋の残しているデザインだけでも八百以上あり、年に数種、時代に合った色合いに復刻しています。

着物の好み柄が時代によって変わるように、帛紗もまた配色やデザインの好みは時代により大きく変わっていきます。一昔前は、はっきりした色合いが好まれましたが、現代は落ち着いた淡い色が好まれます。ＮＨＫ大河ドラマなどテレビで見る時代劇の着物も、時代考証をしているはずですが、三十年前と現在とでは色合いが全く違っています。

よく言われることですが、伝統を繋ぐということとは、そのまま同じことをし続けることではなく、その時代に合ったものを作り続けることです。数十年・数百年先に「こんな素敵な裂があったのか」と思われるものを残していきたいと思います。

◎織りの帛紗

織《お》り（織物）の帛紗とは、古帛紗や出帛紗を指します。織物は、経糸《たていと》と緯糸《ぬきいと》の組み合わせで文様を表し、この組み合わせを組織と言います。

文様の出方《でかた》は、経糸の上に緯糸がでる場合と、緯糸の上に経糸がでる場合の組み合わせに過ぎません。地組織と紋組織の組み合わせで成り立っています。

多くの織物は、緯糸で柄を織りだしますが、正倉院宝物に多く見られる「経錦《たてにしき》」と呼ばれるものは、経糸で柄を形成しているものです。そのほか、斜子《ななこ》相伝帛紗《そうでんふくさ》などは、経糸と緯糸が異なる色（例えば青と緑）の平織《ひらお》りで形成しているため、角度を変えると玉虫色《たまむしいろ》に変わり、美しくグラデーションがかって見えます。

綴《つづ》れ織りは、糸に強い撚《よ》りがかかっているため、結び目が表に表れることもあり、手仕事の素朴な味わいを楽しめます。

また織りの帛紗は、表にでていない糸は裏に通っています。裂の種類の一つ「錦」には色糸が多く用いられるため、裏にも多くの糸が通ることになります。そのため古帛紗や出帛紗を仕立てる際、裏の糸の処理が必要になり手がかかるのですが、仕立て上がったとき、ふっくらとした手触りになります。これは見えない緯糸のおかげです。

・分類について

本書では「裂地を愉しむ」（41～140頁参照）において、多くの裂（名物裂《めいぶつぎれ》含む）の紹介をしていますが、その表し方は、金襴《きんらん》・紹巴《しょうは》・錦・間道《かんとう》・純子《どんす》・風通《ふうつう》・モールと「織りの分類」で分けています。しかし、その分類方法は、厳密に言うと「織り組織の分類」ではありません。

例えば「純子」「金襴」「間道」では、「純子」は繻子織《しゅすお》りを指していて、「金襴」は金糸《きんし》（金箔糸《きんぱくし》・平金糸《ひらきんし》）の入った繻子織り・綾織《あやお》りの模様の表面処理的な総称です。「間道」は平織

り・繻子織りを使った縞《しま》の文様を指します。
しかし厳密な意味では、綾織りでも「間道」はできるのです。従って、「純子」は織り組織、「金襴」は地組織に関係なく金糸の表面処理であり、「間道」は〝縞という文様〟であるということになります。

例えば「純子」地で「金襴の間道」という文様を使った織物もできます。事実、名物裂の中にこの要素を含んだ「純子地の金襴」「純子地の間道」が多くあり、「純子地の間道の金襴」もあるのです。（例えば、名物金春《こんぱる》金襴・名物江戸和久田《えどわくだ》金襴などがその一例です）

したがって、茶の湯に親しむ方々が「組織的表現」と「感覚的表現」の狭間で苦労なさっておられるのによく出会います。

茶の裂地はあくまで感覚的にあるべきで、組織的でなくてもよい場合があります。より感覚的に楽しむために、組織的なこともわかりつつ裂地に触れると、面白さも更に増してくるのではないでしょうか。

・名物裂とその復元

名物裂《めいぶつぎれ》とは、茶の湯の世界で、名物道具類に付属する裂地として、また大名家や社寺などで特に珍重されてきた裂地のことを指すと言われます。その名称も、裂が添えられていた道具からきたものや、その裂を好んで所持していた人物、また作られた場所の名や、裂にあらわされた文様に至るまで、本当にさまざまです。

ただ、裂の名物と茶入や茶碗などの茶道具の名物とは、意味合いが異なります。茶道具の名物とは、「本歌そのもの」を指しますが、裂の世界では、裂の本歌以外にも、「本歌を厳密に復刻したもの」も名物裂としています。このニュアンスは、実は裂を扱う業者によって微妙に異なる場合があるのですが、私は織り組織や手触り、見た目も含め、今の技術で可能なかぎり「本歌の製法に沿った忠実な復刻」を目指しています。

裂地の復刻のために、その裂地が何の糸で、どのように
織られているのかを一本一本を確認していく

そのためには、裂地がどのような糸で、どのように織られているのかを詳細に確認することから始めます。経糸の太さ・色・本数、緯糸で表す文様の大きさや色目に至るまで細部にまでこだわります。そのため復刻する裂によって織機《しょっき》も替えなければなりません。

・西陣の仕事

裂を織る機《はた》は、何種類もあります。その織り方によって、機を組み立て、何千本の経《たて》糸を張り（柄により経糸の数も異なってくる）、紋（柄の組織の設計図）を作って織っていきます。西陣《にしじん》の仕事はそれぞれの専門の職人による分業で成り立っています。機を建てる職人、経糸を張る職人、紋を作る職人、糸を染める職人、金糸《きんし》を作る職人、織る職人などです。「西陣が一つの会社のように動く」と言ってもよいかもしれません。それぞれがプロフェッショナルとして技術を繋いでいるおかげで織物ができるのです。

仕覆の紐は 19 種類。裏地の色と合わせて用いられる

ただ残念ながら、これらすべての専門の職人が減ってきているのが現状です。この技術が一つでも途絶えると、名物裂の復刻は叶わなくなってしまうため、技術の継承が非常に大切になってきています。

・茶の湯における名物裂の見方

名物裂《めいぶつぎれ》は、必ずしも技術的に質の高いものとは限りません。その反面、名物裂に含まれていない裂地の中に、大変高度な織りの技術を持つ裂地もあります。しかし裂地の評価をする場合、裂地のみを見ることは誤りで、茶道具に対しての取り合わせということを忘れてはなりません。裂地は茶道の器物を「生かす」という重要な意義を含んでいるからです。

名物裂が「渡り裂」とよばれた時代に生産していた中国や東南アジア諸国には、現在では製法も裂地もほぼなくなっているそうです。外国から渡ってきた綺麗な裂地の切れ端さえも大切にした日本人の気質が今の織物を残したのでしょう。

◎新作帛紗

昔ながらの帛紗や裂地の復刻以外にも、テーマに添った柄を創作する新作帛紗や裂地を製作しています。その代表的なものが、染めの御題帛紗であり、古帛紗・出帛紗の干支《えと》帛紗（141〜163頁参照）です。

どこにでもあるありふれたデザインは用いたくありませんので、友禅では模様や地色、ぼかしなど、使われる方々が染めの技術を手元で楽しんでいただけるもの、また喜んでいただけるものを作ろうと心がけています。使い帛紗の場合は、特に点前の邪魔にならない配置や柄行きになるよう考えますし、古帛紗の場合では、小さなサイズの〝キャンバス〟にどのように表現するかは、なかなかの産みの苦しみではありますが、できたときの喜びもひとしおです。

◎裂を日々の生活に活かす

帛紗だけでなく、仕覆《しふく》や数寄屋袋《すきやぶくろ》、御物袋《ごもつぶくろ》、茶杓袋、楊枝《ようじ》入れなど、袋物類も仕立てております。これらは茶道・茶席のために作られた品ではありますが、手にした方の自由な発想で、日常で身に付けたり、飾ったり、本物の絹が持つ美しさや心地よい手触りを楽しんでいただきたいと思っています。

お客様の使用例

・古帛紗や友禅帛紗を額装。
・古帛紗・友禅帛紗をポケットチーフに。
・数寄屋袋をクラッチバッグ、タブレットケース、スケッチ用画材入れに。
・本綴れ手織帛紗挟みを札入れ、数珠入れ、小物入れに。
・お袖落とし（茶巾挟み）を名刺入れ、菓子皿に。
・名物裂の帛紗挟みをスマホケースに。ｅｔｃ…。

裂地を用いたさまざまな商品が生み出される。

徳齋の店

現在、寺之内通《てらのうちどおり》堀川《ほりかわ》西入《にしいる》東西町《とうざいちょう》に構える建物自体は、少なくとも百年以上は経っており、京都市の歴史的意匠建造物に指定されています。

創業当初は、現在の場所から少し西の五辻通《いつつじどおり》大《おお》宮《みや》西入《にしいる》五辻町《いつつじちょう》に店を構えていました。第二次世界大戦の際、町の類焼を防ぐため、京都の町は南の方から順に建物が壊され、当家も消防団団長であった当主（七代目）の時に母屋を取り壊しました。その翌日終戦になり、その後、少し北の玄以通《げんいどおり》の南にあった六代目の隠居所へ移り住みました。そこには洋館と茶室（「玄以庵」）がありました。

戦中、蔵だけは取り壊さずに残っていたのですが、戦後の混乱の中で、蔵の中身すべてを盗まれてしまいました。母の話では、その中には、古くから伝わる雛人形や、七代目が淡々斎宗匠と茶を愉しんだ茶道具類、時代の染め柄のあるフェルトの敷物など、想いの詰まったものがすべてなくなったと言います。

そんなことがあり、しばらくして現在の店に引っ越してきました。ちなみに隠居所は、引っ越し後、料

帛紗簞笥の中には豊富な種類の古帛紗が収まる

亭に引き継がれました。私が子どもの頃、その料亭に祖母をはじめとする家族で食事に行ったことがあり、祖母や母が慣れ親しんだ部屋の姿を懐かしがっていたのを何となくですが覚えています。

［入り口］

麻の暖簾《のれん》に朱の帛紗のみ。先代の時代は帛紗に「ふくさ」とひらがなで筆書きされていました。朱色にしたのは、店の外観に対する先代の配色へのこだわりでしょう。入り口のわきには井桁《いげた》に木賊《とくさ》を植え、洒落で「木賊井《とくさい》」としました。

◎「店内」（14頁参照）

［絵］

先代（八代目）は、京都芸大の洋画科で学び、千家十職の塗師・十二代中村宗哲さんや、陶芸家の三代諏訪蘇山《すわそざん》さんと同学年で親しく交流がありました。現在も事務所には先代の油絵、デッサンが飾られています。

［衝立ての裂］

以前は大蔵錦《おおくらにしき》でしたが、昭和五十五年に店内

店内の脇に置かれた帛紗を収める木箱

の手直しをした際、太子間道に張り替えました。

［帛紗箪笥］

店の間にある大きな帛紗箪笥《たんす》は、一番上の引戸と、その下の帛紗の大きさに合わせた引き出しが四十二個あります。戦後、現在の場所に引っ越してきたときに桜の材で誂えたものです。この箪笥に古帛紗のすべてが常に二〜三枚ずつ用意されています。

［帛紗の箱］

無地帛紗や友禅帛紗を入れている木箱も、私が幼少の頃からあります。正面の金箔は先代（八代目）が帛紗をイメージして貼っていました。

［店の机］

帛紗をお見せする際に用いる部屋中央の赤松の一枚板の机は、先代の時代からです。脇の金箔も先代が自ら貼っていたことを覚えています。

［建具］

六月の梅雨の合間の天気のいい日に絨毯を夏の籐《とう》の敷物に、障子を葭戸《よしど》に替えます。十一月の初めには冬のしつらえに替わります。

北村徳齋帛紗店の外観

裂地を愉しむ

Appreciating Textiles

茶の湯の裂地とは

茶の湯の世界において、染織工芸《せんしょくこうげい》に属し美術的価値が認められるもの、それが裂《きれ》地《じ》とよばれるものです。「名物裂《めいぶつぎれ》」はその典型です。茶の湯において裂地は、帛紗《ふくさ》（出《だし》帛紗《ぶくさ》を含む）をはじめ、掛物の表具《ひょうぐ》や茶入や茶碗などの仕覆《しふく》、茶杓の袋、挽家袋《ひきやぶくろ》などに仕立てられ、茶道具を引き立て保護する重要な役割を果たします。ここでは、古くより茶人に愛されてきた「名物裂」を含むさまざまな「裂地」を紹介し、その特徴や魅力を解説していきます。

◇ 小紋笹蔓緞子《こもんささづるどんす》

◇ Komon sasazuru donsu

◇ 文様／笹蔓・梅花・松
Design: bamboo, plum blossoms, pines

金襴

きんらん

織物《おりもの》の仲間の中でも、華やかさと豪華さを兼ね備えたものです。金箔糸《きんぱくし》（平金糸《ひらきんし》）を用いて、主要な文様を織りだしたものの総称で、金箔糸の代わりに銀箔糸を用いると銀襴《ぎんらん》になります。また金箔糸で埋め尽くしたものを金地金襴と呼びます。中国の宋代に始まったと言われるこの織法は、天正年間（一五七三〜九二）に日本に伝来し、以来、京都・西陣で織り成されてきたと伝わります。名物も多く、禅寺や武士の間で盛んに珍重《ちんちょう》されたので、寺社の名前が付いた裂が多いのが特徴です。

Kinran

Gold brocade. Luxurious textile lavished with gold thread; called Ginran when using silver thread. If gold thread covers the entire surface, the textile becomes Kinji Kinran, that is,"gold base" Kinran. Kinran weaving techniques are said to have been transmitted from the Sung Dynasty to Japan in the Tensho Period (1573-92); Kyoto Nishijin district has been the center of Kinran weaving since. Many Kinran are considered *Meibutsu*, or distinguished historical textiles. Especially loved by Zen monks and samurai warriors, many are named after temples and shrines.

大蔵錦《おおくらにしき》

最も格式の高い裂の一つです。名称の由来は、狂言師の大蔵太夫が豊臣秀吉から拝領したところからと伝わります。五色の斜石畳文《ななめいしだたみもん》を地文とし、葉や花付きの瓢簞《ひょうたん》や法螺貝《ほらがい》に波文《なみもん》が意匠化されています。立体感があり、また色味の近い糸で織られているので、金箔糸を多く用いているにもかかわらず、落ち着いた雰囲気です。

◇ Ōkura nishiki

◇ 名物　Meibutsu

◇ 文様／斜石畳·瓢簞
法螺貝·波
Design: diamond stone pavement,
gourds, trumpetshells, waves

花蝶文金襴《かちょうもんきんらん》

正倉院《しょうそういん》に伝わる「紫檀木画槽琵琶《したんもくがのそうのびわ》」の裏側の柄にもよく似たこの意匠は、向かい合う二匹の蝶、花文、そしてその間に配される菱形の花文で構成されています。金襴にはめずらしい縦筋の地文《じもん》になっています。

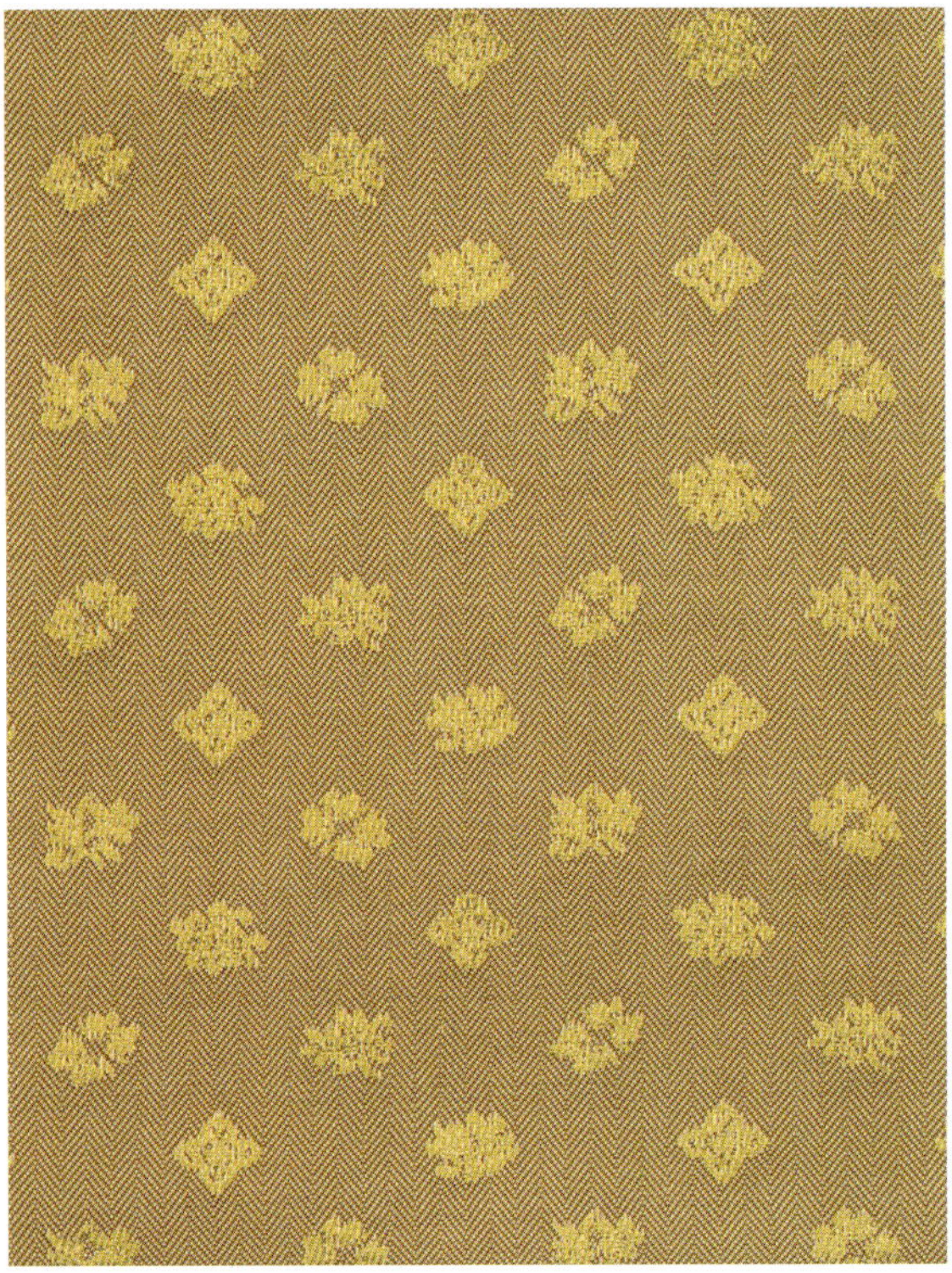

◇ Kachō-mon kinran

◇ 名物　Meibutsu

◇ 文様／蝶·花·菱形花
Design: butterflies, flowers, diamond-shape flowers

紬《つむぎ》地《じ》雲《うん》鶴《かく》宝尽《たからづくし》文《もん》金《きん》襴《らん》

この裂は寂びた薄紫（滅紫《めつし》）の紬地《つむぎじ》に、飛び立とうとする鶴と、舞い降りる鶴、そして十字形の雲文と宝尽文が織りだされています。加賀藩の文化財を管理する前田育徳会に本歌が所蔵されていて、その「本歌」を忠実に再現しています。

◇ Tsumugi-ji unkaku takarazukushi-mon kinran

◇ 名物　Meibutsu

◇ 文様／鶴·雲·宝尽
Design: cranes, clouds, auspicious treasures

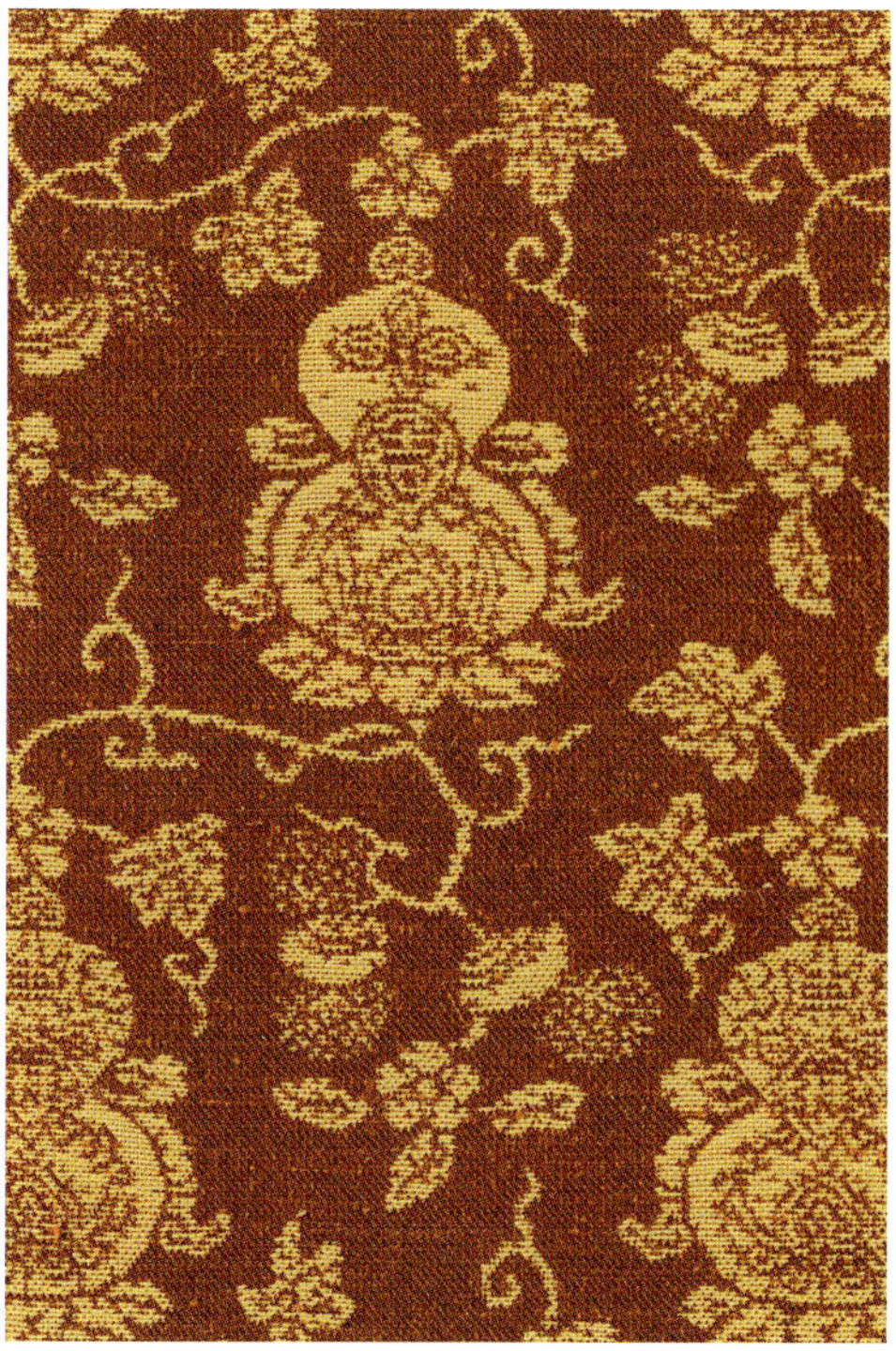

葫《こ》蘆《ろ》吉《きっ》祥《しょう》唐《から》草《くさ》文《もん》金《きん》襴《らん》

紬地の裂の一つです。葫蘆とは瓢箪《ひょうたん》のことで、その中に「吉」や「祥」の字と花文が織りだされています。瓢箪の周りには、梅のような花や葉付きの蔓が配されていて、人のように見えるのが面白いです。この裂も前田育徳会に元となった本歌が所蔵されています。

◇ Koro kisshō karakusa-mon kinran

◇ 名物　Meibutsu

◇ 文様／瓢箪·蔓·花
Design: gourds, vines, flowers

大坂蜀錦《おおさかしょっきん》

網文《あみもん》の地に、金箔糸《きんぱくし》で織りだした丸文の中に魚・水鳥・蓮華《れんげ》などの文様をあしらった裂です。地文を漁網と考えると、まるで水辺で漁をしているかのように見えます。朝日《あさひ》春慶《しゅんけい》「淀肩衝茶入《よどかたつき》」の仕覆《しふく》裂に用いられています。

◇ Ōsaka shokkin

◇ 名物　Meibutsu

◇ 文様／斜石畳·水鳥·蓮·魚
Design: diamond stone pavement, waterfowl, lotus, fish

紫《むらさき》地《じ》大坂《おおさか》蜀錦《しょっきん》金襴《きんらん》

京都・妙顕寺の『日蓮上人筆題目』の表装を本歌とする裂で、花や七宝《しっぽう》、網などの文様を縦縞《たてじま》で織り成しています。名物裂のほとんどは禅宗にちなむものが多い中、これは日蓮宗ゆかりの裂で、名物「利休物相茶入《りきゅうもっそう》」の仕覆《しふく》にも用いられています。

◇ Murasaki-ji Ōsaka shokkin kinran

◇ 名物　Meibutsu

◇ 文様／七宝·花·網文
Design: seven treasures, flowers,net mesh

東山裂《ひがしやまぎれ》

この裂は、東山殿《ひがしやまどの》と言われた、室町幕府八代・足利義政《あしかがよしまさ》の所持、あるいは義政が明《みん》に注文して作らせたことに由来するものです。緑地に落ちついた金箔糸《きんぱくし》で二重《ふたえ》蔓唐草《つるからくさ》や牡《ぼ》丹《たん》、菊に似た四種の花や葉を織りだした古風な印象の金襴です。

◇ Higashiyama gire

◇ 名物　Meibutsu

◇ 文様／二重蔓唐草·牡丹·花·霊芝
Design: double vines, peonies, flowers, auspicious clouds

東山金襴《ひがしやまきんらん》

「東山裂」と同じく、足利義政由来の裂です。一重《ひとえ》蔓唐草や牡丹、四種の花や霊芝《れいし》文を織りだします。九弁の花を菊花に見立て、古くは「菊花入」と言って珍重《ちんちょう》しました。一重蔓唐草のデザインは、数寄屋袋や帯など大きなものに用いると引き立ちます。

◇ Higashiyama kinran

◇ 名物　Meibutsu

◇ 文様／一重蔓唐草·牡丹·花·霊芝
Design: single vines, peonies, flowers, auspicious clouds

江戸《えど》和久田《わくた》金襴《きんらん》

江戸の織工の和久田某《なにがし》が愛用したとも、和久田家の所蔵裂とも伝わる裂です。紺《こん》や茶などの縦縞《たてじま》に同系色の細い横縞《よこじま》と木瓜《もっこう》形の花鳥や獣文。また青や茶などの縦縞と丸文形の兎や花鳥文の二種があります。木瓜形を多く見ますが、元は同じ裂として伝来したのかもしれません。

◇ Edo wakuta kinran

◇ 名物　Meibutsu

◇ 文様／花·鳥·鹿
Design: flowers, birds, deer

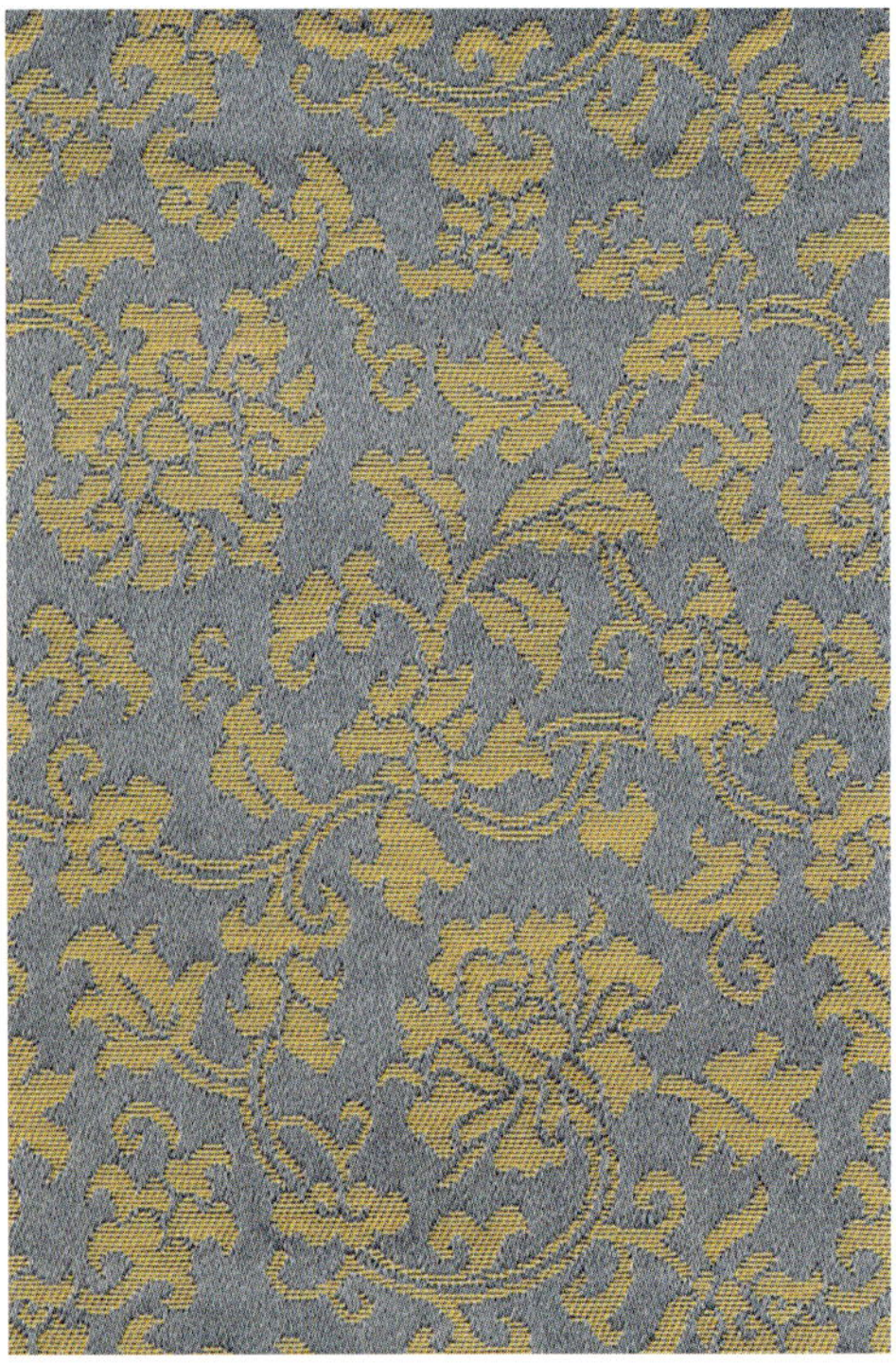

高台寺金襴《こうだいじきんらん》

名称の由来は、豊臣秀吉の妻・高台院《こうだいいん》ゆかりの京都・高台寺の戸帳裂《とちょうぎれ》（神仏を安置する所に張る帳の裂）からと伝えられています。金箔糸を用いて二重蔓《ふたえつる》の牡丹唐草文や霊芝《れいし》を織りだした、縹地《はなだじ》の色味が美しいものです。

◇ Kōdaiji kinran

◇ 名物　Meibutsu

◇ 文様／二重蔓唐草·牡丹·霊芝
Design: double vines, peonies, auspicious clouds

木下金襴《きのしたきんらん》

一見して、地味な風合いの裂ですが、青海《せいがい》波《は》の地文に龍・鴛鴦《おしどり》・雲の文様、大輪の中には蓮華・流水荷葉《りゅうすいかよう》などを織りだした、手間をかけた裂の一つです。この裂は文様違いで「雲鳥文」のもの、また緞子《どんす》で同種の文様の裂もあると言われています。

◇ Kinoshita kinran

◇ 名物　Meibutsu

◇ 文様／青海波·龍·水鳥·鯉·蓮
Design: waves, dragons, waterfowl, carp, lotus

紬《つむぎ》地《じ》人形《にんぎょう》手《で》金襴《きんらん》

モンゴルのあたりの人でしょうか。羊かロバのような動物に跨《またが》った人が、梅の折枝《おりえだ》を肩に背負い、枝に吊るされた籠には、鶯《うぐいす》らしき鳥が見られます。その周りには椿や梅枝、宝尽文が配されていて、何ともめずらしい意匠です。前田育徳会に本歌が所蔵されています。

◇ Tsumugi-ji ningyō-de kinran

◇ 名物　Meibutsu

◇ 文様／人物·獣·宝尽·梅枝
椿折枝
Design: human figures, animal figures, auspicious treasures, plum branches, camellia branches

嵯峨金欄《さがきんらん》

霊芝《れいし》雲に宝尽を散らした図柄で、元は天龍《てんりゅう》寺《じ》四十代住持の仏日常光《ぶつにちじょうこう》国師の袈裟裂《けさぎれ》とも、同開山の夢窓疎石《むそうそせき》の袈裟裂とも伝えられます。よく「富田《とみた》金欄」と間違われますが、図柄が右から左に流れているのが「嵯峨金欄」、左から右に流れるのが「富田金欄」です。

◇ Saga kinran

◇ 名物　Meibutsu

◇ 文様／霊芝雲・宝尽
Design: auspicious clouds, auspicious treasures

浅葱地紗綾形菊唐草文綾《あさぎじさやがたきくからくさもんあや》

清涼感溢れる裂です。浅葱色の地に紗綾《さや》形（卍字を崩した形が連続して構成される文）の地文に、その上に浮きでて見える一重蔓《ひとえつる》の菊唐草文を配した涼しげなつくりです。

◇ Asagi-ji saya-gata kiku karakusa-mon aya

◇ 名物　Meibutsu

◇ 文様／一重蔓・唐草・菊牡丹
Design: single vines, scrolling vines, chrysanthemums, peonies

蜀江錦《しょっこうにしき》（七宝入《しっぽういり》）

錦《にしき》織りの「蜀江錦」の意匠を、金襴で織りだした裂です。地に細かく徹底的に七宝文が配され、しっかり金糸《きんし》が織り込まれているため金糸が派手に浮き立たず、色調も落ち着いた、とてもゴージャスな裂と言えます。

◇ Shokkō nishiki (Shippō-iri)

◇ 名物　Meibutsu

◇ 文様／唐花・七宝
Design: flowers, seven treasures

蘇文答刺《スマトラ》裂《ぎれ》

この裂の名称は、東南アジアの大スンダ列島の北西端に位置するスマトラ島に由来します。かつてはオランダ領で貿易が盛んであったことから、同地を経由して伝来したのでしょう。茶色地に輪花をあしらった太い縦縞《たてじま》、外側に草花文を並べた美しい裂です。

◇ Sumatora(Sumatra) gire

◇ 文様／輪花・草花
Design: flower rings, flowering plants

加《か》賀《が》錦《にしき》

この裂は、加賀友禅の図柄を題材にして意匠化したもので、縦に擦《す》れた色味が特徴です。糸の束を握って染める技法で染織した色糸を使っているため、独特な風合いに仕上がります。現在、この染織技法を用いる職人がいないため、今後はこの状態での復元は難しい裂です。

◇ Kaga nishiki

◇ 文様／松·屋敷·樹木·雲
Design: pine trees, mansion, trees, clouds

北野裂《きたのぎれ》

北野天満宮に伝来したことにちなみ名付けられた裂です。茶色地に梅の折枝文と、鳥の文様があしらわれています。この鳥を梅と絡めて「鶯《うぐいす》」とされる方もいらっしゃいますが、尾の形から「燕《つばめ》」とも見えます。鳥に使われた金箔糸が高級感を漂わせます。

◇ Kitano gire

◇ 文様／梅折枝･鳥
Design: plum branches, birds

西蔵錦《チベットにしき》

金箔糸と銀糸を織り交ぜて織られた裂です。名称のようにチベット方面から伝来したのでしょうか。見慣れない花文が白地に織りだされています。

◇ Chibetto (Tibet) nishiki

◇ 文様／花
Design: flowers

黄蘗《きわだ》地《じ》銀襴《ぎんらん》唐華《からはな》文《もん》錦《にしき》

めずらしい銀襴の裂です。大・中・小の牡丹を銀糸で織り成し、唐草で花々を連ねた図柄です。赤・紫・黄と花ごとに色が異なり、裁断《さいだん》する場所によって、大きく印象が変わります。

◇ Kiwada-ji ginran karahana-mon nishiki

◇ 文様／唐草・牡丹
Design: scrolling vines, peonies

葡萄牙錦《ポルトガルにしき》

白地に色とりどりのポルトガル風の花柄が規則正しく並ぶ意匠は、とても愛くるしくて目を引きます。金箔糸《きんぱくし》の光沢が抑えられているので、華やかさの中にもどこか清《せい》楚《そ》な雰囲気のある裂です。

◇ Porutogaru (Portugal) nishiki

◇ 文様／花
Design: flowers

桃山裂《ももやまぎれ》

赤・緑・朱・青・紫などの色糸を用い、象形文字や篆刻《てんこく》文字など、さまざまな「寿」の字があらわされた縁起のよい裂です。色糸の使い方、漢字の配置、菱地と格子《こうし》地のバランスを工夫することで、単調さが緩和されています。なぜ「桃山」なのか、謎の多い裂です。

◇ Momoyama gire

◇ 文様／漢字
Design: Kanji characters

萌黄地麟鳳文金襴錦《もえぎじりんほうもんきんらんにしき》

萌黄地がはっきりしないくらい、麒麟《きりん》と鳳凰《ほうおう》の柄が所狭しと織り成されている厚手の豪華な裂です。柄自体は大柄ですが、輪郭がはっきりしないところがあります。また細かな金箔糸が用いられているため、これだけ柄があってもそれほど派手ではありません。

◇ Moegi-ji rinhō-mon kinran nishiki

◇ 文様／麒麟・鳳凰
Design: Chinese unicorns, phoenixes

萌黄地龍鳳鶴文金襴錦《もえぎじりゅうほうかくもんきんらんにしき》

龍・鳳凰・鶴に宝尽文を組み合わせた非常に華やかで格の高い図柄の裂です。よく柄を見てみると、龍も鳳凰も、何とも愛嬌のあるお惚《とぼ》けな表情をしていて、親しみやすい裂です。

◇ Moegi-ji ryū-hō-kaku-mon kinran nishiki

◇ 文様／龍・鳳凰・鶴・宝尽
Design: dragons, phoenixes, cranes, auspicious treasures

花《はな》喰《くい》鳥《どり》葡萄《ぶどう》唐草《からくさ》金襴《きんらん》

花枝をくわえた花喰鳥が悠々と飛び、葡萄唐草が大らかに渦巻き、横に走っている金箔糸の筋は、より彩りの印象が強くなる効果があります。地文の織りもめずらしい手ざわりです。

◇ Hanakuidori budōkarakusa kinran

◇ 文様／花喰鳥·葡萄唐草
Design: branch-carrying birds, grapevines

渡裂《わたりぎれ》（波文入《なみもんいり》）

どこの岸辺でしょうか、波と草花、貝のような図柄が配された、白地の染め物を感じさせる裂です。なぜ「渡裂」の名称となったのかはわかりません。

◇ Watari gire (Nami-mon-iri)

◇ 文様／波・草花
Design: waves, flowering plants

渡裂《わたりぎれ》（菊花入《きっかいり》）

白地に松や菊花、奥には雲をたたえた山々が配された、まるで沖縄で生まれ育った染め物「琉球びんがた」に用いられるような図柄です。これも、なぜ「渡裂」の名称となったのかはわかりません。

◇ Watari gire (Kikka-iri)

◇ 文様／山・雲・松・菊
Design: mountains, clouds, pines, chrysanthemums

裂の不思議①

パターンが同じでも、全く別物！ 文様の世界

裂地における文様は、装飾《そうしょく》的な要素として大きな役割を果たします。文様はその形象《けいしょう》により、動物・植物・器物・風物・幾何学《きかがく》などに分けられます。文様の形式としては、単独文や連続文、散《ちら》し文などがあり、その種類も龍《りゅう》文や鳳凰《ほうおう》文、雲文や草花文、梅花《ばいか》文や唐草《からくさ》文など数多くありさまざまです。裂地は、それら文様の種類の組み合わせによって、名前が与えられ生まれてきます。

文様の組み合わせには、典型的ないくつかのパターンがあり、「梅花」に「波」という二つの文様の組み合わせもその典型と言えます。

梅花文と波文の組み合わせの意匠でまず思いつくのは、茶人・古田織部《おりべ》の名を冠する「名物 織部純子《どんす》」。これは梅花文を主要部に、背景の波文を補助的に意匠されています。しかし、同様の文様の組み合わせでも、波文を強く主張し、梅花文を抑えた場合は「萬代屋《もずや》純子」となり、またパターンは同じでも、波の模様が少し変わるだけで「波濤梅花文《はとうばいかもん》」「高砂裂《たかさごぎれ》」になります。これらの裂は、元をたどれば同じ裂から派生したのかもしれません。もし仮にそうだとすれば、これだけ多くの名称に分かれ、別々の裂として存在していること自体が、いかに茶人が裂に愛着を持ち、大事に扱ってきたかという証《あかし》と言えるでしょう。

下から時計回りに、「名物織部純子」「名物萬代屋純子」「紹紦波涛梅花文」「名物高砂裂」
「織部緞子」「紹紦萬代屋手」

紹巴《しょうは》

杉綾《すぎあや》状、もしくは山形《やまがた》状の組織で構成される織物《おりもの》です。基本的には、地色一色と文様一色の二色の糸で形成されます。性質上、織りが緩《ゆる》く弱いため、仕覆《しふく》や数寄屋袋《すきやぶくろ》にはあまりお勧めできませんが、とても柔らかく手触りのよい織物で、扱いやすいのが特徴です。漢字表記も「紹巴・蜀羽・正羽・諸巴・蜀巴」など多く、「しょっぱ」や「じょっぱ」などとも呼ばれます。

Shōha

Generally uses two colors of thread, one for the base and another for the pattern, and distinguished by its herringbone base weave. Delicate and loosely woven, Shōha may not be ideal to make into pouches or bags, although its soft and light touch makes it easy to use for other purposes in the Way of Tea. Also written as 紹巴 , 蜀羽 , 正羽 , 諸巴 or 蜀巴 , and also called *Shoppa* or *Joppa*.

紹紦《しょうは》富《ふ》貴《き》長《ちょう》命《めい》裂《ぎれ》

縹地《はなだじ》に牡丹《ぼたん》と雲と獅子《しし》、薄茶地《うすちゃじ》と黄土地《おうどじ》に牡丹唐草文と雷《かみなり》文、そして裂の名前となる「富貴長命」の文字が入った表情豊かな裂です。この裂は裁断の場所で全く異なる柄になる典型的なのものとも言えます。他にも同名で獅子の代わりに麒麟《きりん》や雲文が配された裂もありますが、おそらくこれらの柄を含めた一枚の裂だったのではないかと思います。

Shōha fukichōmei gire

名物　Meibutsu

文様／雷・雲・獅子・牡丹・唐草・文字

Design: lightning, clouds, lions, peonies, scrolling vines, Kanji texts

紹紦東籬佳色《しょうはとうりけいしょく》

退朱地《たいしゅじ》に白と黄などの三色の菊花と、緑の葉を配した裂です。よく見ると、茎と茎を繋げて菱の垣根のように文様を構成しています。

◇ Shōha tōrikeishoku

◇ 文様／菊
Design: chrysanthemums

格子地丸龍草花文緞子《こうしじまるりゅうそうかもんどんす》

名称が示す通り、元々「緞子」にあった意匠で、それを先代が紹紦に再現した裂です。格子の中に丸龍と草花文を交互に入れたデザインは落ち着いた雰囲気があります。色糸も四色と多く、上質な紹紦織りです。

◇ Kōshi-ji maruryū sōka-mon donsu

◇ 文様／丸龍・植物
Design: round dragons, wild flowers

吉祥福寿文《きっしょうふくじゅもん》

徳齋オリジナルの裂です。古風な篆字《てんじ》の「福」「寿」の文字を集めて、地色と文字の色糸のバランスを考え規則的に配置しました。慶事《けいじ》にふさわしい裂の一つです。

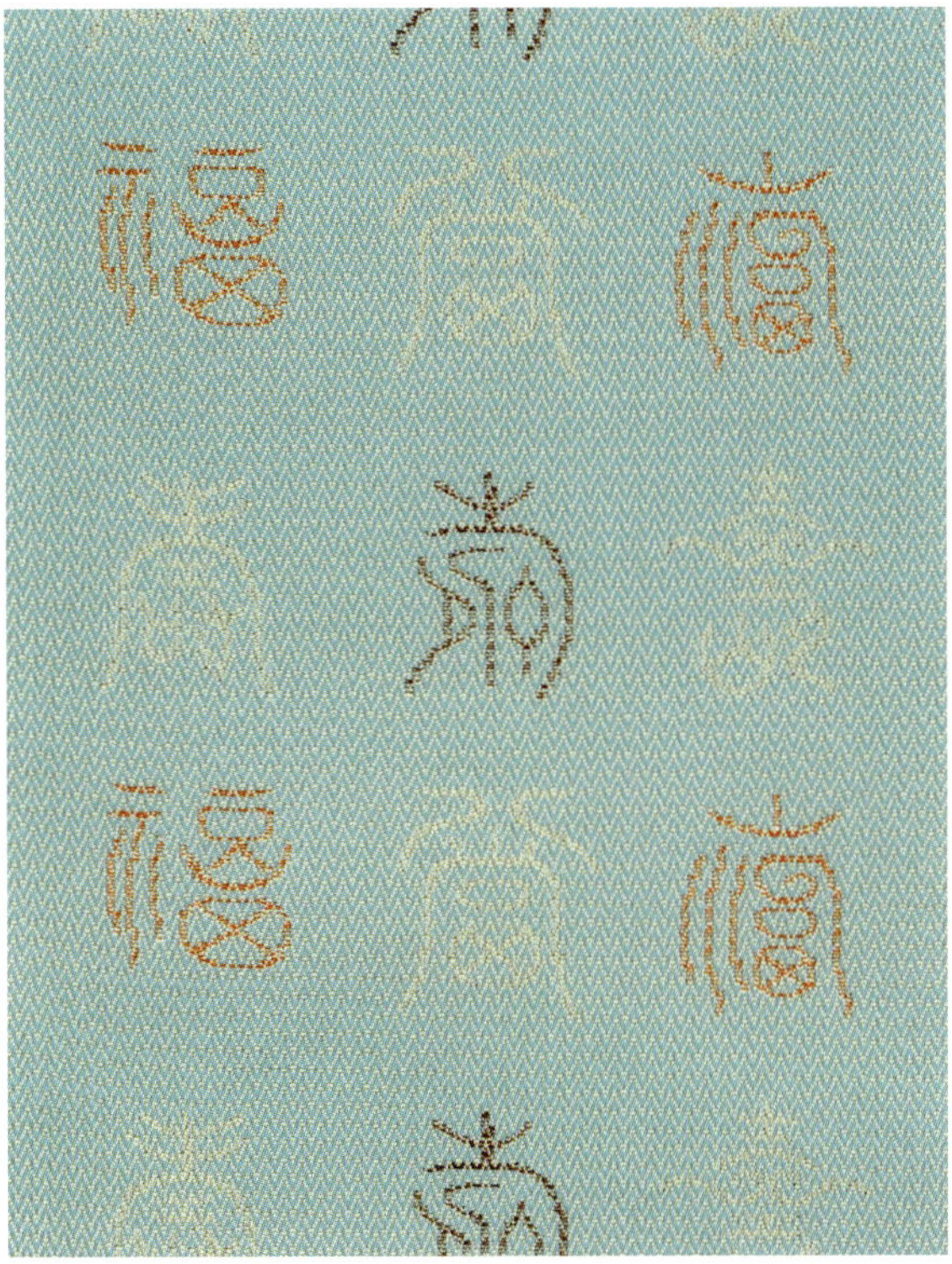

◇ Kisshō fukuju-mon

◇ 文様／漢字
Design: Kanji caracters

紹紦《しょうは》利休《りきゅう》こぼれ梅文様《うめもんよう》

千利休四百年遠忌を記念して製作した裂です。『千家《せんけ》中興《ちゅうこう》名物記《めいぶつき》』に記載の利休所持・溢《こぼれ》梅《うめ》蒔絵《まきえ》香合《こうごう》の梅文様をアレンジしたもので、本来の利休梅のよりも、柔らかい感じの、いかにも蒔絵に描かれた梅が可愛らしい意匠です。

◇ Shōha Rikyū koboreume monyō

◇ 文様／梅花
Design: plum blossoms

紹《しょう》巴《は》斜《ななめ》石《いし》畳《だたみ》宝《たから》尽《づくし》竜《りゅう》之《の》丸《まる》文《もん》

紹巴としてはめずらしく色糸を多く使った裂です。意匠のすべてが名称に表され、大きな斜石畳にユニークな形の宝尽文、丸く意匠化された龍文が見えます。茶地を基本としているので、落ち着いた雰囲気があります。

◇ Shōha naname ishidatami takarazukushi ryūnomaru-mon

◇ 文様／宝尽・斜石畳・丸龍
Design: auspicious treasures, diamond stone pavement, round dragons

蘇《す》芳《おう》嘉《か》卉《き》段《だん》織《おり》

蘇芳の紅色《べにいろ》地に、花と虫の文様を配した裂です。同様の柄《がら》行《ゆ》きで「チベット」と言う名称の金襴もあり、おそらくチベットあたりから伝来したのではないかと思われます。細横《ほそよこ》縞《じま》で入る緑の帯がよいアクセントとなり、多くの方々の目に留まります。

◇ Suō kaki dan-ori

◇ 文様／花弁・昆虫
Design: petals, insects

唐《から》華《はな》文《もん》紹《しょう》紦《は》

円形で一つ、菱形で一つの唐花文様を作りだすこの意匠は、古くは奈良時代から伝わる裂にも用いられています。唐花は元々中国伝来の文様ですので、古代中国の雰囲気が漂います。

◇ Karahana-mon shōha

◇ 文様／唐花
Design: flowers

正羽一重牡丹唐草《しょうはひとえぼたんからくさ》

大柄の一重蔓《ひとえつる》の牡丹唐草が目を引く裂です。元は純子《どんす》か金襴《きんらん》の柄だったものを、先代が紹紀に復刻しました。牡丹の花の大きさのわりに唐草の蔓が繊細で格調高く、品位を感じさせます。

◇ Shōha hitoe botan karakusa

◇ 文様／一重蔓唐草・牡丹
Design: single vines, peonies

紹《しょう》紦《は》百合《ゆり》文《もん》

立ち姿の美しい百合の花を意匠化しています。私が知る限り、百合柄は過去に裂に用いられたことがないように思います。

◇ Shōha yuri-mon

◇ 文様／百合
Design: lilies

紹《しょう》紦《は》扶桑華《ハイビスカス》文《もん》

「百合文」と同じく、過去にはなかった洋花の柄です。南国生まれのハイビスカスの花を、大きくダイナミックに裂地のデザインとしました。

◇ Shōha haibisukasu-mon

◇ 文様／ハイビスカス
Design: hibiscus

76～79頁の裂は、植物を愛した先代が、さまざまな花を題材にして創作した大花柄の裂たちです。

花そのものだけを柄としたこのシリーズは、地色と同系色で花を描いており、従来にない柄行きと色合いが楽しめます。

紹《しょう》巴《は》胡《こ》蝶蘭《ちょうらん》

胡蝶蘭は、植物好きの先代が好んで育てていた花です。「祝いの花」の代名詞とも言えるこの花を、アールヌーヴォー風に意匠化し、華やかな趣のある裂に仕立てました。

紹《しょう》巴《は》露《つゆ》草《くさ》文《もん》

本来の露草の花は、大人の親指の爪くらいの、とても小さなものです。可憐《かれん》な青い花をあえて大きく表現した斬新な意匠の裂と言えます。

◇ Shōha kochōran

◇ 文様／胡蝶蘭
Design: moth orchids

◇ Shōha tsuyukusa-mon

◇ 文様／露草
Design: dayflowers

紹巴凌霄花文《しょうはのうぜんかずらもん》

古裂には意匠としてなかった凌霄花の花枝を図案化したものです。凌霄花は中国原産の花で、夏にはラッパ状の大花を開きます。浅蘇芳《あさすおう》の地色と花の色のコントラストが美しい裂です。

◇ Shōha nōzenkazura-mon

◇ 文様／凌霄花
Design: trumpet vines

紹巴繁蔞花文《しょうははこべらはなもん》

春の七草の一つである「繁蔞」の花を大きく取り入れた奇抜な図柄が特徴の裂です。花弁中心の雌しべに、無造作な動きがあり、よく見ると可愛らしい表情が面白いところです。

◇ Shōha hakobera hana-mon

◇ 文様／繁蔞
Design: chickweed

紹紦《しょうは》山巵子《くちなし》文《もん》

夏には美しい白色の六弁花を咲かせる山巵子は、「巵・梔子」とも書かれます。大きな山巵子の花は、まるで勢いよく回る〝かざぐるま〟のようです。

◇ Shōha kuchinashi-mon

◇ 文様／山巵子
Design: gardenias

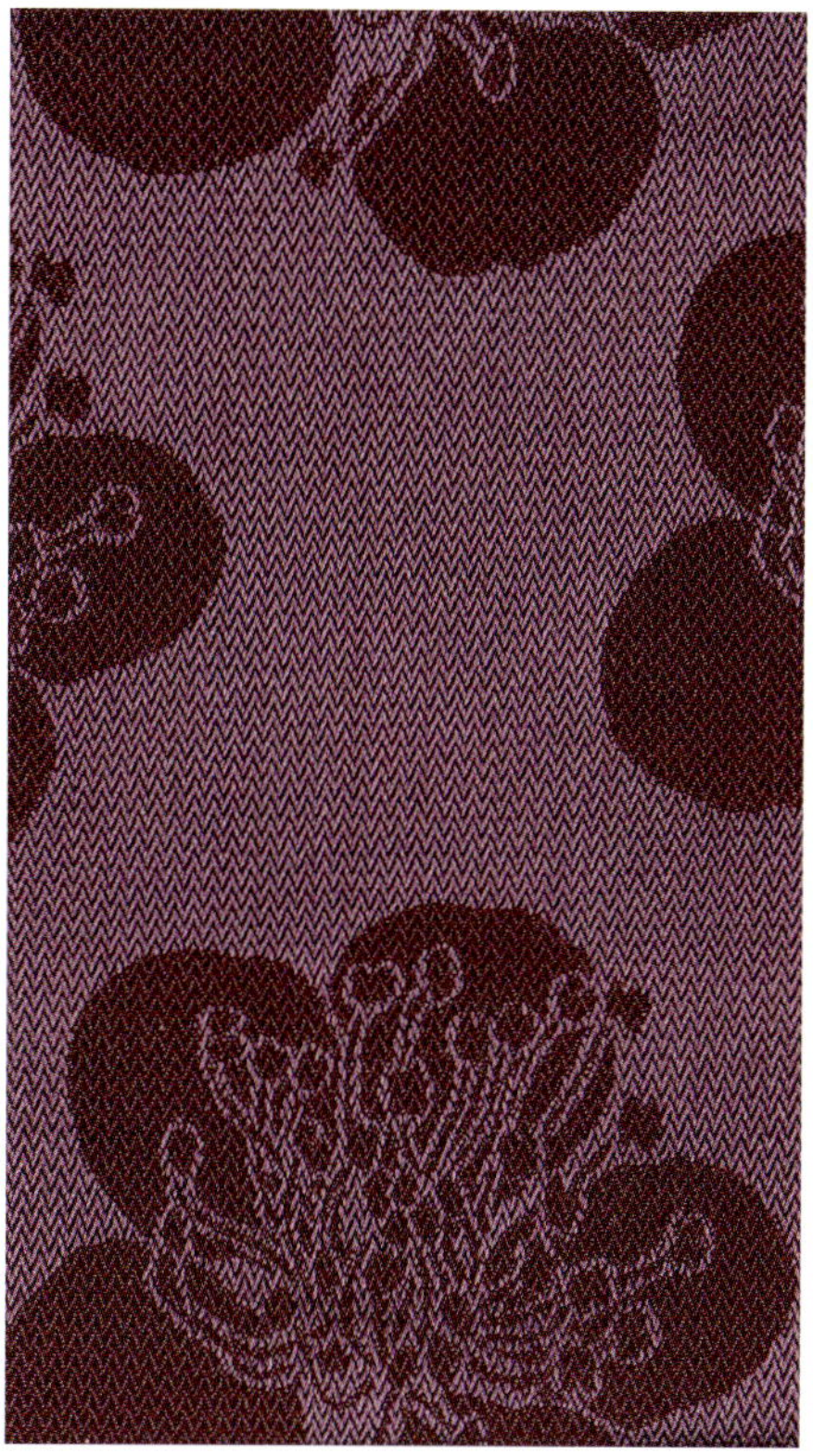

紹紦《しょうは》梅花《ばいか》文《もん》

通常の梅花文よりも数段大きく、写実的に表現された文様を意匠化しています。過去の梅文のパターンを覆す斬新な図柄です。

◇ Shōha baika-mon

◇ 文様／梅花
Design: plum blossoms

紹紦織《しょうはおり》 名物東山純子《めいぶつひがしやまどんす》

元は上杉家に伝来した緋羅紗陣羽織《ひらしゃじんばおり》の裏裂に使用された裂です。名称に純子とあるように、元来の配色は、上質の黄色純子でした。この裂の下の二枚は、あえて織りの裏面を表柄に用いることで、文様の輪《りん》郭《かく》をぼやかし、優しい雰囲気を作りだしました。

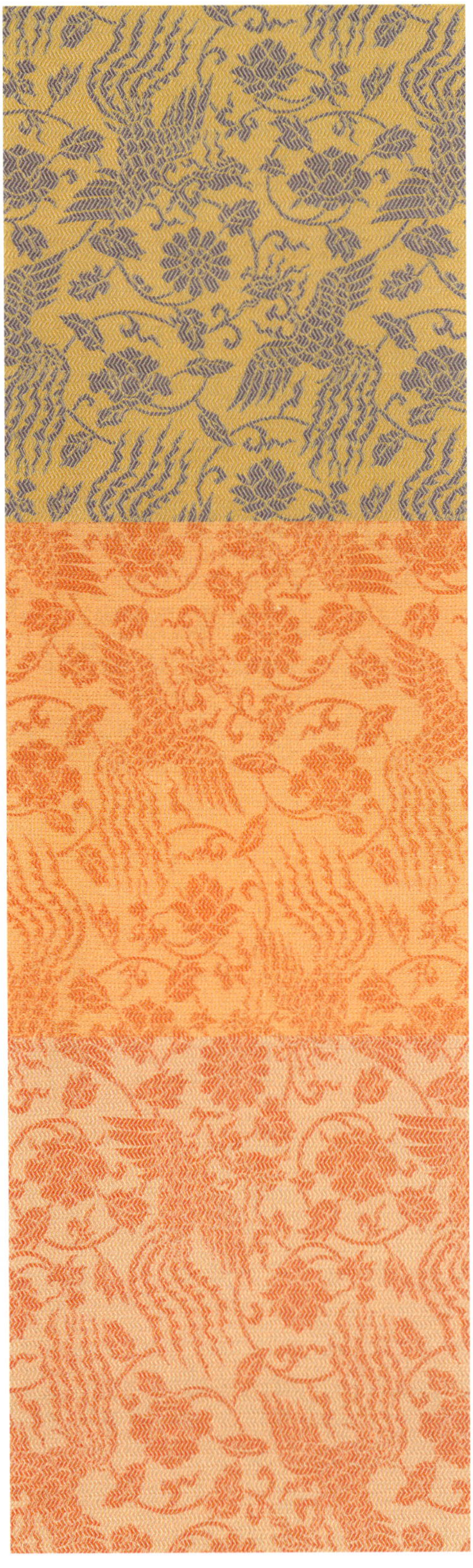

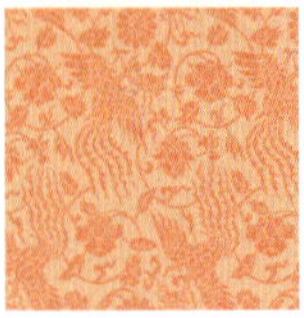

◇ Shōha-ori meibutsu higashiyama donsu

◇ 名物　Meibutsu

◇ 文様／鳳凰·蔓草·花
Design: phoenixes, vines, flowers

紹《しょう》紦《は》唐《から》華《はな》文《もん》純《どん》子《す》

こちらも、元は純子としてあった柄を紹紦に復刻させた裂です。小さな唐花と長寿の印である霊芝《れいし》が複雑に絡んだ細かい意匠で上品な印象の裂です。ローズ・錆朱《さびしゅ》・赤・藤・若草の五種があります。

◇ Shōha karahana-mon donsu

◇ 文様／唐花・小花・霊芝
Design: flowers, small flowers, auspicious clouds

大徳寺《だいとくじ》聚光院《じゅこういん》創建《そうけん》四百五十年《よんひゃくごじゅうねん》記念《きねん》帛紗《ふくさ》

この裂は、千利休居士ゆかりの寺院、京都大徳寺聚光院の「衣鉢《いはつ》の間」に狩野松栄《かのうしょうえい》が描いた襖絵・国宝「竹虎遊猿図」を、小野澤虎洞《おのざわこどう》住職のご好意で、聚光院の創建四百五十年を記念する裂として、紹紀織にて作らせていただいたものです。

Drawing from room partitions in Jyukōin, Daitokuji Temple

紹巴織遊猿図裂《しょうはおりゆうえんずぎれ》

「衣鉢の間」の南側に描かれたものです。仲睦《なかむつ》まじく赤子猿《あかござる》を抱く夫婦《めおと》猿、そして柿の木に登って遊ぶ子猿が描かれています。近くには菊竹と柿の木、後方には遠山流水が描かれているので、季節は秋です。猿の表情が愛らしくて、思わず微笑んでしまいます。

◇ Shōha-ori yūen-zu gire

◇ 文様／猿・柿の木・菊
Design: monkeys, persimmon trees, chrysanthemums

紹巴織竹虎図裂《しょうはおりちっこずぎれ》

「衣鉢の間」の東側に描かれたものです。竹林は風に揺れ、岸の波もうねった緊迫した状況に、虎の親子が悠々《ゆうゆう》とくつろいでいます。筍《たけのこ》が見えますので、季節は春です。動物の表情をだすことが非常に難しかった裂です。こちらに掲載している裂は出帛紗です。

◇ Shōha-ori chikko-zu gire

◇ 文様／虎・竹
Design: tigers, bamboo

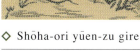

大徳寺塔頭・聚光院の「衣鉢の間」。東側と南側に面した襖には、裂のモデルとなった狩野松栄筆の「竹虎遊猿図」が描かれている。

錦《にしき》

「丹白黄《にしき》」とも書かれ、二色以上の色糸で織られた華麗で格調高い織物《おりもの》です。その始まりは古く、経糸《たていと》で文様を織りだした経錦《たてにしき》は漢代からと言われています。緯糸《ぬきいと》で文様を織りだす緯錦《いきん》は唐代から織られていたと言われ、奈良法隆寺《ほうりゅうじ》の宝物にも見られるため飛鳥《あすか》時代にはすでに渡ってきていたのでしょう。色鮮やかな錦は、表にでていない色糸が裏に渡っているため、肉厚な裂も多く、茶入の仕覆《しふく》や挽家袋《ひきやぶくろ》にも用いられます。

Nishiki

Multicolored brocade. Written also as 丹 白 黄, meaning “red, white and yellow.” Nishiki is woven using two or more colored threads, resulting in a sumptuous and elegant textile. Of ancient provenance, the *Tatenishiki* type of pattern made from warps is from the Han Dynasty, while the *Ikin* type created from colored wefts is said to come from the Tang Dynasty. There are many Nishiki *Meibutsu* among the treasures of Hōryūji Temple in Nara, indicating a history going back to the ancient Asuka Period. Colored wefts hidden under the textile surface create a thick fabric ideal for pouches that carefully protect precious wooden boxes for tea implements as well as delicate tea containers.

龍《りゅう》麒《き》麟《りん》蜀《しょっ》江《こう》錦《にしき》

法隆寺《ほうりゅうじ》に伝来した裂で、この本歌の墨書から中国・明王室の織染局で作られたことがわかります。黄茶地に萌黄《もえぎ》・縹《はなだ》・赤を暈繝《うんげん》風にあしらって、円に麒麟《きりん》、輪花《りんか》に龍、そして方形に六弁花を納めた気品漂う裂です。

◇ Ryū-kirin shokkō nishiki

◇ 名物 Meibutsu

◇ 文様／龍・麒麟・六弁花・花
Design: dragon, Chinese unicorn, six petal flowers, flowers

丹《あか》地《じ》牡《ぼ》丹《たん》蜀《しょっ》江《こう》錦《にしき》

菱のような花弁形の中に花を配し、連続模様にしているところが面白い、他の蜀江錦とは趣が異なる裂です。地文を埋め尽くした小さな菱形も可愛らしいです。

◇ Akaji botan shokko nishiki

◇ 名物 Meibutsu

◇ 文様／牡丹
Design: peonies

萬《ばん》歴《れき》蜀《しょっ》江《こう》錦《にしき》

細かい七宝の地模様が特徴の裂です。多くの色糸を用いて、蜀江形の文様や円の中に青龍と白龍をあらわしたその意匠からは、中国・明代の万暦年間製の焼物を彷彿とさせます。なお、名称の「萬歴」は「万暦」のことを指します。

◇ Banreki shokkō nishiki

◇ 名物　Meibutsu

◇ 文様／麻の葉・丸龍
Design: hemp leaves, round dragons

縹《はなだ》地《じ》蜀《しょっ》江《こう》錦《にしき》

この裂地には、金銀糸が使われているため、金襴《きんらん》とも言えるのですが、昔から錦に分類しています。さわやかな縹色の地に、四角形と八角形を連結させ、その中に七宝文や唐花文をあらわした意匠です。

◇ Hanada-ji shokkō nishiki

◇ 文様／唐花・七宝・霊芝
Design: flowers, seven treasures, auspicious clouds

覆盆子《いちご》手《で》錦《にしき》

花文をいちご（覆盆子）に見立てての名称ですが、モチーフは菊花と思われます。この裂は地に太い色糸を用いているため、手にすると柔らかい厚みを感じます。

◇ Ichigo-de nishiki

◇ 名物　Meibutsu

◇ 文様／花
Design: flowers (lit., strawberry)

小《こ》覆盆子《いちご》手《で》錦《にしき》

小さないちご文が並ぶ可愛らしい裂です。イチゴ（覆盆子）手と呼ばれるこの意匠は、十七世紀初期に中国やペルシャ方面で作られたものと言われています。

◇ Koichigo-de nishiki

◇ 名物　Meibutsu

◇ 文様／花
Design: flowers (lit., strawberry)

駱駝《らくだ》文《もん》覆盆子《いちご》手《で》錦《にしき》

いちご文とともに、振り向いた駱駝が描かれたオリエンタルな柄です。この裂と覆盆子手錦は、元々一つの裂であったのではないかとも思われます。

◇ Rakuda-mon ichigo-de nishiki

◇ 名物　Meibutsu

◇ 文様／駱駝·花
Design: camels, flowers (lit., strawberry)

刈安《かりやす》牡丹《ぼたん》唐草《からくさ》文《もん》錦《にしき》

刈安とは裂の地色に使われている黄色の染料に使われる植物の名前です。牡丹や唐花の内輪に赤や黄の色糸を多く用い、葉の部分にはグラデーションをほどこした美しい色使いの裂です。また厚手の手触りも特徴です。

◇ Kariyasu botan karakusa-mon nishiki

◇ 名物　Meibutsu

◇ 文様／一重蔓唐草·牡丹
霊芝
Design: single vines, peonies, auspicious clouds

霰地花文錦《あられじかもんにしき》

龍麒麟蜀江錦《りゆうきりんしよつこうにしき》と同じく法隆寺《ほうりゆうじ》に伝来した裂です。深い緑地に白糸と赤糸の糸を加え、霰《あられ》地文に織って花文を散らしています。緩《ゆる》く織られているので、手触りが柔らかく、光の当たり具合で糸の色味が大きく変化する裂の一つです。

◇ Arare-ji ka-mon nishiki

◇ 文様／唐花・六弁花
Design: flowers, six-petal flowers

黄地霰地花文錦《きじあられじかもんにしき》

ゆるく柔らかい織りで、手にした時の風合いは上の霰地花文錦ととても似ています。こちらの唐花文には色が入り、少し華やかな印象です。

◇ Ki-ji arare-ji ka-mon nishiki

◇ 文様／唐花
Design: flowers

法隆寺獅子狩文錦《ほうりゅうじししかりもんにしき》

本歌は法隆寺に秘蔵される大きな錦です。取り囲む連珠《れんじゅ》の中に、異国情緒溢れるペルシャ風の騎士《きし》が、飛びかかる獅子を弓で射る瞬間を描きだした躍動感《やくどうかん》ある狩猟《しゅりょう》文様です。古帛紗の片面だけに、この柄を織っています。

◇ Hōryūji shishikari-mon nishiki

◇ 文様／連珠・騎士・獅子
Design: renju, knights, lions

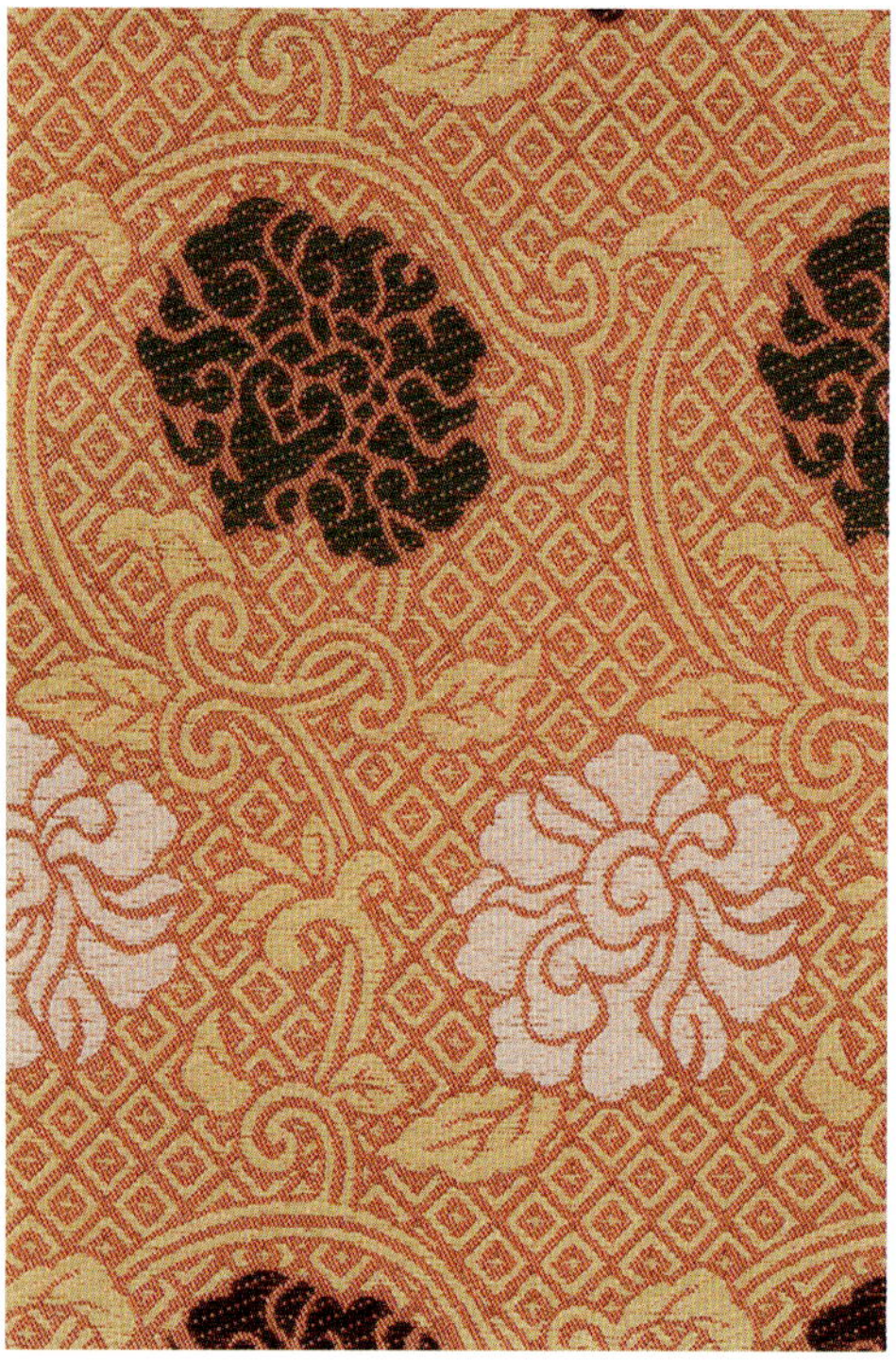

葛城《かつらぎ》手《で》牡丹《ぼたん》唐草《からくさ》

地文は入子菱の石畳《いしだたみ》。緑・白・紫の二重《ふたえ》蔓《づる》牡丹唐草を配置した落ち着いた雰囲気の裂です。

◇ Katsuragi-de botan karakusa

◇ 文様／入子菱・二重蔓牡丹唐草
Design: interlocking diamond patterns, double vines with peonies

茜《あかね》地《じ》牡丹《ぼたん》轡《くつわ》唐華《からはな》文《もん》

緑・白・紫の牡丹文を、大振りな唐花で立《たて》涌《わく》風（曲線の凹凸が相対して連なる文様）に囲った意匠が、馬の轡《くつわ》に似ていることからの名称です。

◇ Akane-ji botan kutsuwa karahana-mon

◇ 文様／牡丹・轡形唐花・唐草
Design: peonies, horseshoe-shaped flowers, scrolling vines

波斯《ペルシャ》

多くの色糸を用いて織られ、古帛紗に仕立てると表と裏で色の印象が変わります。複雑で不可思議な柄はペルシャ文様の典型と言えましょう。

表面

裏面

◇ Perusha (Persia)

◇ 名物　Meibutsu

◇ 文様／唐花·唐草·幾何学文
Design: flowers, scrolling vines, geometric patterns

梨地《なしじ》菊唐草《きくからくさ》

蒔絵の梨地のような地文が特徴です。朱地に白色と優しい縹《はなだ》色の菊唐草をのせた上品な文様です。

◇ Nashi-ji kiku-karakusa

◇ 文様／菊唐草
Design: chrysanthemum scrolling vines

緋牡丹《ひぼたん》唐草《からくさ》鳳凰《ほうおう》文《もん》錦《にしき》

名物裂かと間違われることがありますが、先代がデザインした裂です。その特徴は、目を引く緋色《ひいろ》の牡丹。虹色の翼を持つ鳳凰、グラデーションのかかった霊芝雲《れいしぐも》や唐草が白地に映えます。

◇ Hibotan karakusa hōō-mon nishiki

◇ 文様／鳳凰·二重蔓牡丹唐草·霊芝
Design: phoenixes, double vines with peonies, auspicious clouds

太《たい》子《し》間《かん》道《とう》

大名物「油屋肩衝《あぶらやかたつき》茶入」の仕覆《しふく》としても用いられています。絣《かすり》のような雰囲気を持つこの裂には、人型のような不思議な文様が連続しています。縞柄でもないのに名前が間道なのは、中国の広東《カントン》をその由来にしているのでしょう。徳齋の店の衝立にも使用しています。

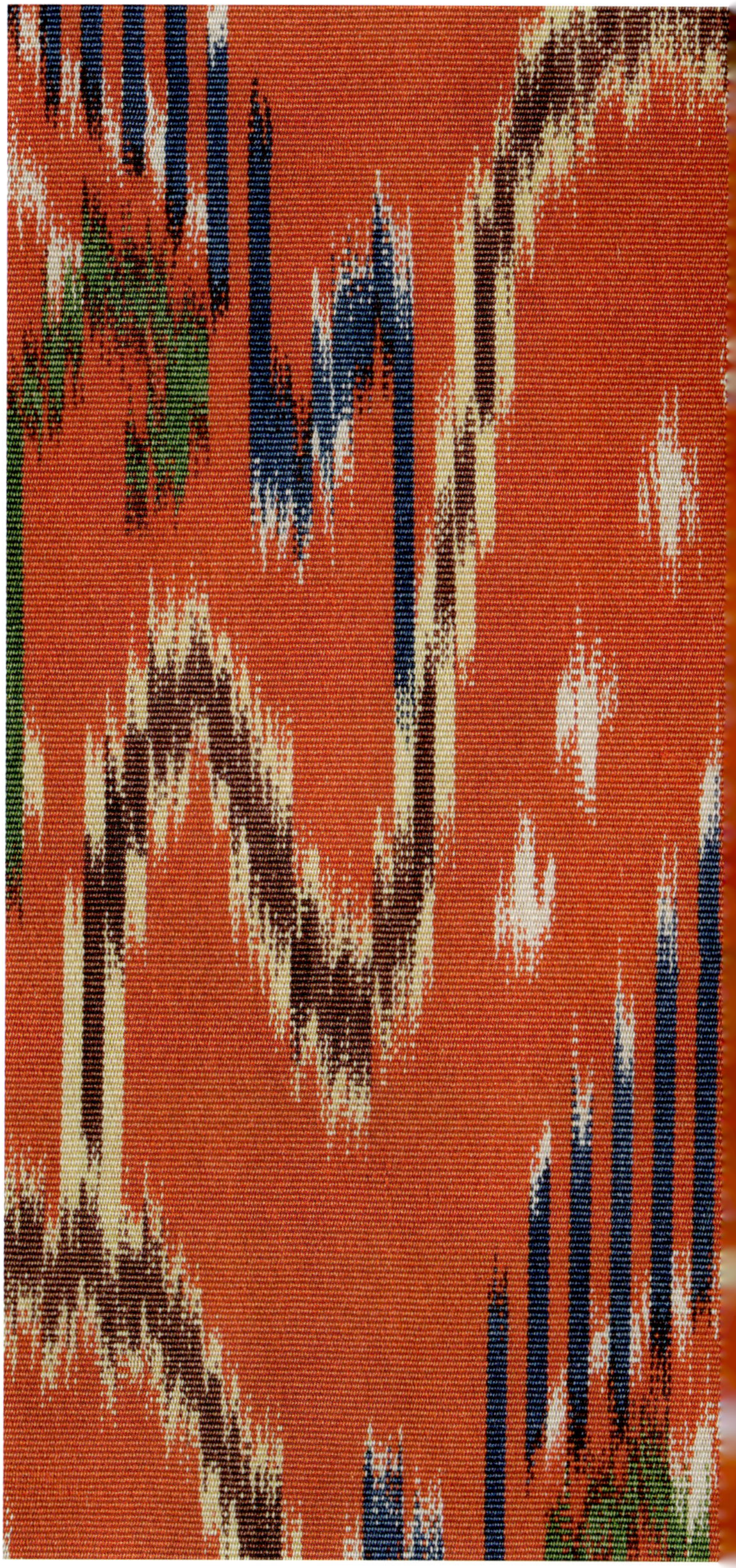

◇ Taishi kantō

◇ 名物　Meibutsu

間道《かんとう》

インドや東南アジアとの貿易により伝わった縞《しま》柄や絣《かすり》柄もので、島から渡ってきたことが縞物（シマ模様）と呼ばれる所以《ゆえん》と言われます。縞・格子《こうし》縞・横縞など、縞の種類や配色の順番、さらに真田紐《さなだひも》をアクセントにすることで、単純な縞の柄が、非常にデザイン性に富んだものになります。間道の呼び名がどこからきたのかが定かでないためか、広東、漢渡、漢東、漢島など、多くの漢字表記が存在します。

Kantō

Striped or checked textile, introduced from India and Southeast Asia. Kanto are also called Shima-mono, shima meaning “island,” as they were mostly brought in from the “islands.” Vertical and horizontal stripes as well as bordered lines and braided rope are combined in various patterns and different colors resulting in a wide range of designs all based on the simple stripe. Kanto is also written as 広東 , 漢渡 , 漢東 or 漢島 , evoking different place names that reflect its diverse origins.

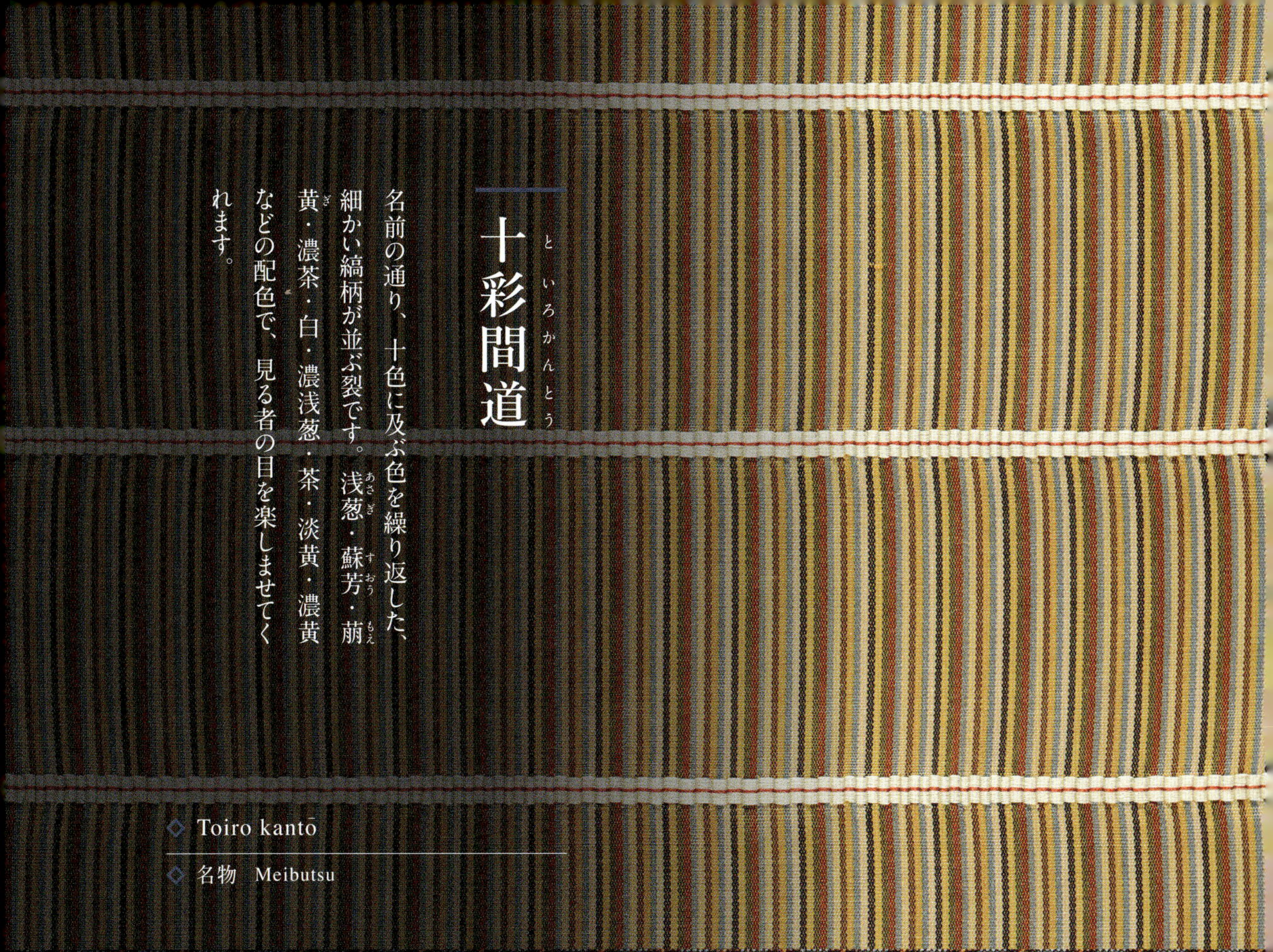

十彩間道《といろかんとう》

名前の通り、十色に及ぶ色を繰り返した、細かい縞柄が並ぶ裂です。浅葱《あさぎ》・蘇芳《すおう》・萌《もえ》黄《ぎ》・濃茶・白・濃浅葱・茶・淡黄・濃黄などの配色で、見る者の目を楽しませてくれます。

◇ Toiro kantō

◇ 名物　Meibutsu

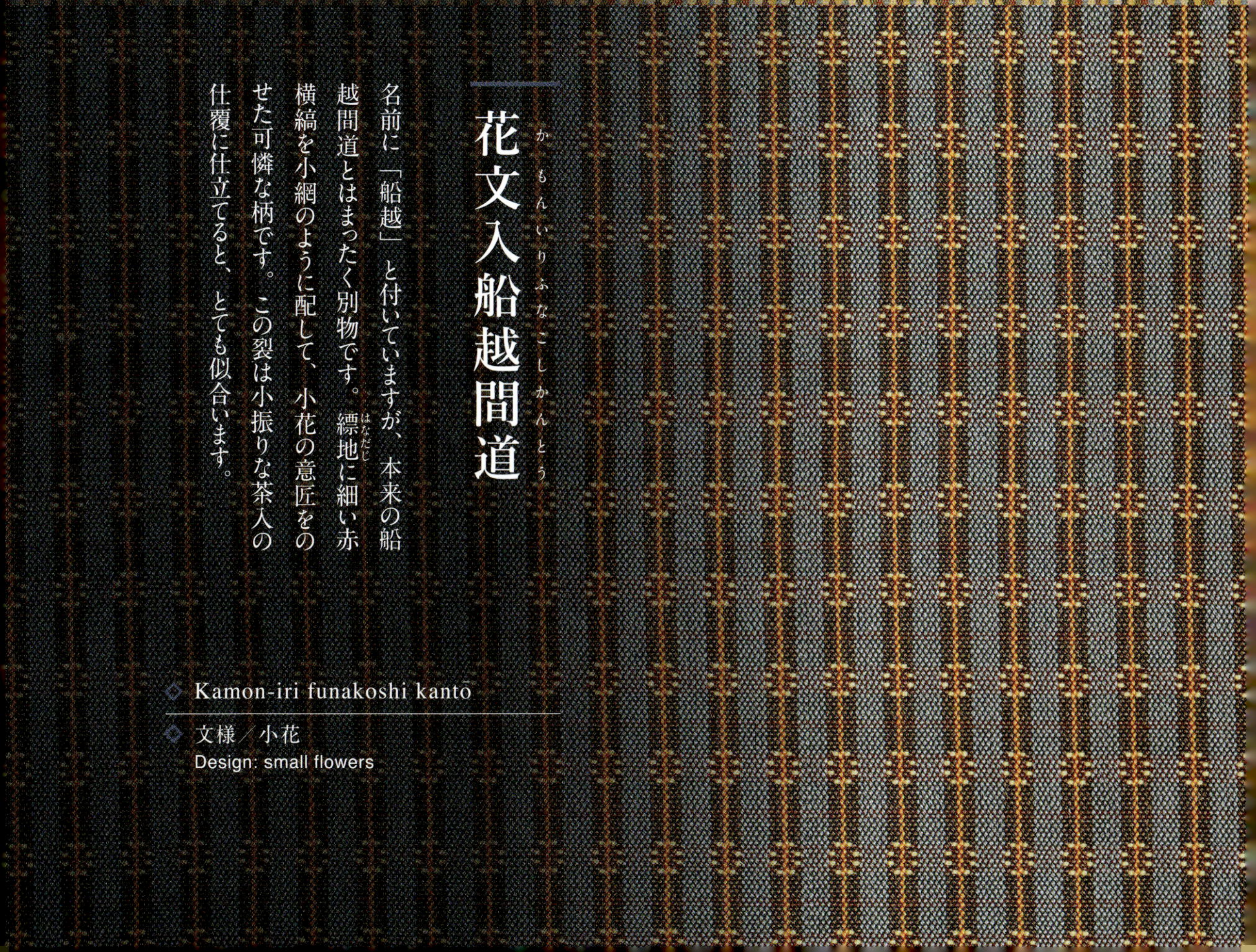

花文入船越間道《かもんいりふなこしかんとう》

名前に「船越」と付いていますが、本来の船越間道とはまったく別物です。縹地《はなだし》に細い赤横縞を小綱のように配して、小花の意匠をのせた可憐な柄です。この裂は小振りな茶入の仕覆に仕立てると、とても似合います。

◇ Kamon-iri funakoshi kantō

◇ 文様／小花
Design: small flowers

吉野間道《よしのかんとう》（子持真田入《こもちさなだいり》）

太い真田に挾まれた細い真田紐《さなだひも》を、「真田紐の子」と見立てての名称かもしれません。真田紐を後で付けたように思われがちですが、織りの際に緯糸《ぬきいと》で真田紐を作っています。平織りと真田紐の織りとの境目にできる小さなシワは、その行程で表れる特徴でもあります。

◇ Yoshino kantō (komochi-sanada-iri)

◇ 名物　Meibutsu

辨柄吉野間道《べんがらよしのかんとう》

弁柄の色合いからこの名がついたのでしょう。細く異なるタイプの真田を交互に通し、タータン・チェックのように見える構成が印象的です。

◇ Bengara yoshino kantō

◇ 名物　Meibutsu

吉《よし》野《の》五《ご》色《しき》間《かん》道《とう》

五色の色糸で細い縦縞を形成した間道です。細い線と落ち着いた色合いが道具にも合うので、茶箱の中の仕覆にしたり、お気に入りの小物に敷いて飾るのもよいかもしれません。

◇ Yoshino goshiki kantō

◇ 名物　Meibutsu

繻《しゅ》子《す》地《じ》間《かん》道《とう》

間道の分類にしていますが、繻子地の手触りのとてもよい裂です。色合いも優しく艶やかで落ち着いています。この名称は先代が名付けたものです。

◇ Shusu-ji kantō

彌《や》兵《へ》衛《え》間《かん》道《とう》

鎌倉時代、宋に渡り、のち博多《はかた》で間道を織った弥兵衛の名にちなむ裂です。別名・有来《うらい》間道とも言い、緋《ひ》色や浅黄《あさぎ》・白・紺《こん》・小豆《あずき》色など色とりどりの縦縞、そして透明に近い色味で横縞が調子を変えながら軽快に入ります。この裂はどこで裁断するかで、まったく異なる柄行きの間道になります。

◇ Yahē kantō

◇ 名物 Meibutsu

小真田入吉野間道《こさなだいりよしのかんとう》

典型的な吉野間道とは異なり、さまざまな太さと色味の真田を走らせた可愛らしい裂です。この裂の一番の魅力は、細かく真田を入れることで生じる皺《しわ》です。これを味として楽しむのも裂の魅力の一つです。

◇ Kosanada-iri yoshino kantō

黄地小真田入間道《きじこさなだいりかんとう》

八丈島に伝わる草木染の絹織物に「黄八《きはち》丈《じょう》」と言うものがありますが、それを彷彿《ほうふつ》させる裂です。これは先代が端切《はぎ》れから復元させたものですが、「元は八丈島からきた裂だったのでは?」と想像するだけでロマンが感じられます。

◇ Ki-ji kosanada-iri kantō

今照気《こんてれき》

不思議な名称のこの裂は、江戸時代に長崎港の荷揚げ品を記録した「唐蛮貨物帳《とうばんかもつちょう》」にもその名前が見えます。この裂は何と言っても臙脂色《えんじいろ》と青朽葉《あおくちば》色の大縞《おおじま》の二色のコントラストが特徴です。

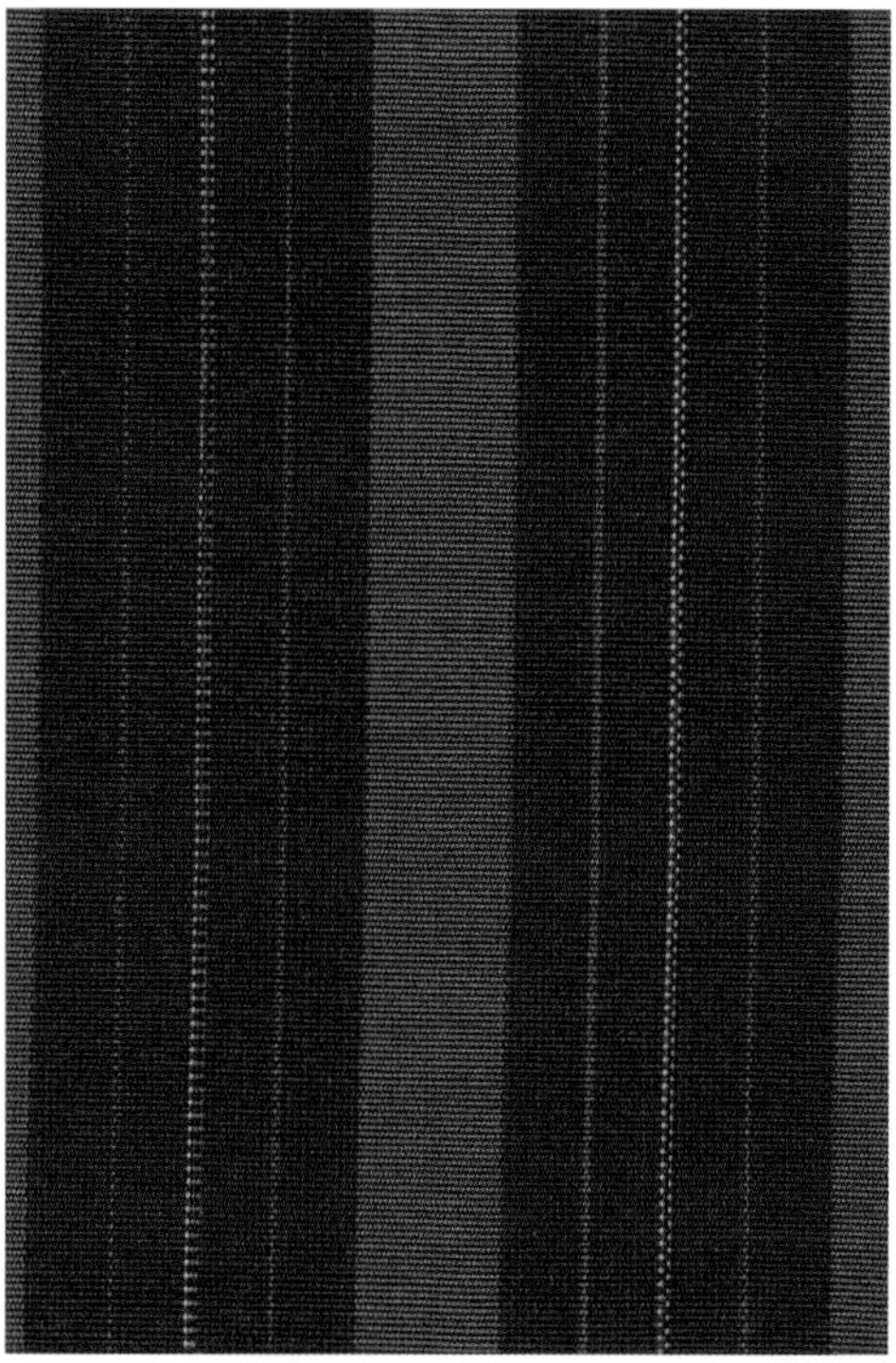

◇ Kontereki

利休間道《りきゅうかんとう》

千利休が大名物「松屋肩衝《まつやかたつき》茶入」の仕覆《しふく》に用いたため名付けられたこの裂。細かく精巧な千鳥格子《ちどりごうし》ですが、古い裂帳を見ると織《おり》留《ど》めがあり、異なる文様が続いていたのを記憶しています。高度な織技を要する織物で、熟練した工人の技によるものです。

◇ Rikyū kantō

◇ 名物　Meibutsu

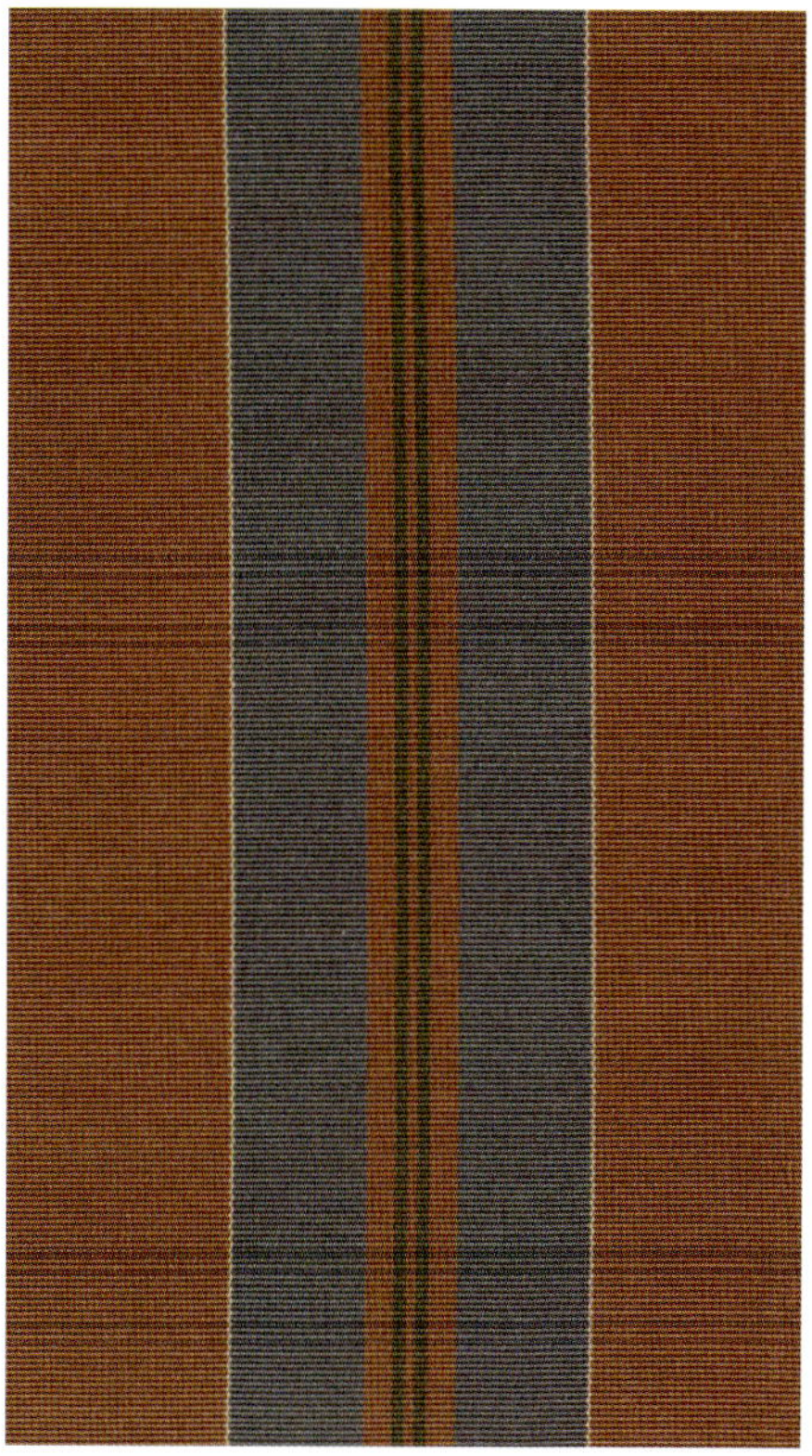

甲必丹《かぴたん》（大縞《おおじま》）

この名は、ポルトガル語のcapitão（キャプテン・船長）が由来とされています。深緑や茶、錆青磁《さびせいじ》とでも言う青色の縦縞が、落ち着いた雰囲気の大縞です。

◇ Kapitan (ō-jima)

茶宇縞《ちゃうじま》

紺《こん》色の縦の太縞の中に、赤・緑・黄色の細縞を配色しているところが粋な、現代に通じる配色の裂です。

◇ Chau jima

横に走った真田《さなだ》だけで柄を形成しているこの裂。真田の横縞《よこじま》がよろけているので「よろけ縞」とも言われます。本歌は元々、しっかりとした直線の縞だったと思われますが、経年《けいねん》によって波打ってきたのでしょう。赤緯縞は大名物「日野肩衝茶入」の仕覆裂《しふくぎれ》として用いられ、千利休の弟子・日野輝資《てるすけ》の愛用裂と伝えられています。

日野間道《ひのかんとう》（赤緯縞《あかよこじま》）

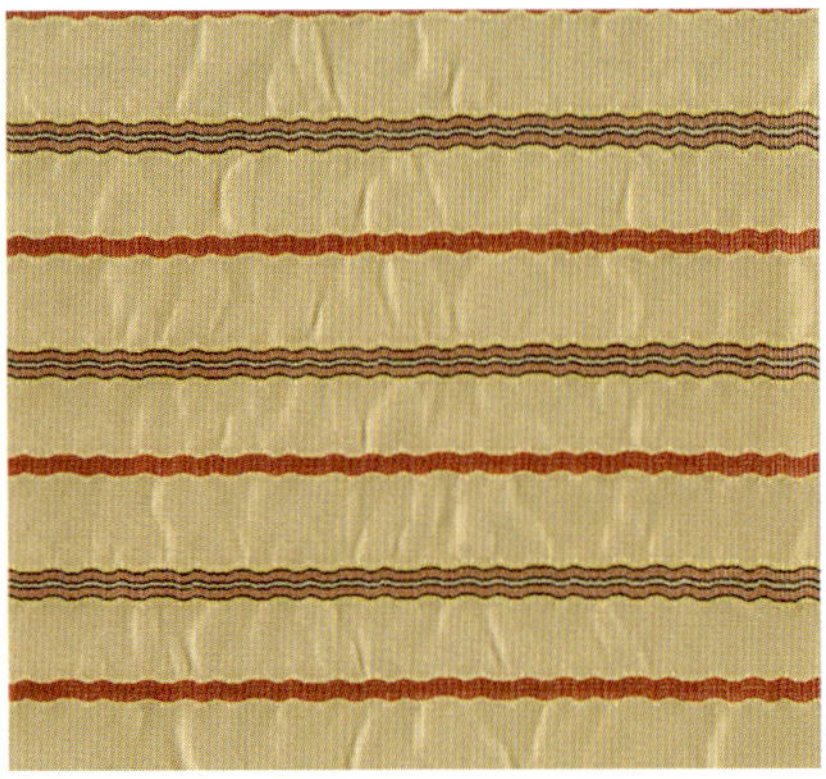

◇ Hino kantō (aka yoko-jima)

◇ 名物　Meibutsu

日野間道《ひのかんとう》（細縞《ほそじま》）

◇ Hino kantō (hoso-jima)

◇ 名物　Meibutsu

日野間道《ひのかんとう》（薄紫《うすむらさき》）

◇ Hino kantō (usumurasaki)

◇ 名物　Meibutsu

宮内《くない》麒麟《きりん》手《で》間道《かんとう》

太い紺色《こんいろ》の横のラインの中に麒麟が左を向いて走っているのが見えるでしょうか。唐草だけのように見える柄の中に、奥ゆかしく描かれている姿が茶人に好まれてきたのでしょう。

◇ Kunai kirin-de kantō

◇ 文様／麒麟
Design: Chinese unicorns

純子《どんす》

『緞子・段子』とも書き、繻子《しゅす》（朱子）地《じ》と呼ばれる艶《あで》やかな地組織で、薄く手触りのよい織物。繻子織りがいつ頃始まったかについては明確ではありませんが、宋代には織られていたようです。「ドンス」の呼び名は英語のダマスクが転じたものと思われ、シリアのダマスカスから由来する織物とも言われています。道具に馴染《なじ》む風合いと、落ち着いた色調が茶人や数寄者から好まれ、利休純子や織部純子など茶人の名が名称となる裂が多くあるのも特徴です。なお「どんす」は、裂によって用いる漢字が異なるため、ここでは徳齋で用いる漢字表記にしています。

Donsu

Damask. Also written as 緞子 or 段子 . With a glossy surface from its satin weaving style called *Shusuji*, Donsu is light and soft to the touch. Although its origins are unclear, it is believed that Donsu was already woven in the Sung Dynasty. The name Donsu is said to come from the English word damask, which in turn was taken from the name Damascus in Syria, the referred source of the weaving technique. With subtle colors that blend with most tea implements, Donsu have long been favored by Tea masters and artistes. Many are actually named after Tea masters, such as the Rikyu Donsu and the Oribe Donsu.

飛雲獣純子《ひうんじゅうどんす》

薄縹《うすはなだ》色の地に、雲と鶴、獅子《しし》、虎、兎など数種の動物を表した、親しみのある裂です。落ち着いた色味が手に取りやすく、また数々の動物を総称で「飛雲獣」と表現するとは、なかなか面白い名称です。

◇ Hiun jū donsu

◇ 名物　Meibutsu

◇ 文様／雲・鶴・獅子・虎・兎
Design: clouds, cranes, lions, tigers, rabbits

唐物緞子《からものどんす》（瓢簞入《ひょうたん》）

二つの瓢簞が愛くるしく並んでいるようすが可愛いらしい裂です。瓢簞の中には梅鉢文、その周りを雲のような形の葉を付けた蔓《つる》と、霊芝《れいし》雲、そして七宝文と分銅文の宝尽文が取り巻いています。

◇ Karamono donsu (hyōtan-iri)

◇ 名物　Meibutsu

◇ 文様／霊芝雲・七宝・分銅・瓢簞
Design: auspicious clouds, seven treasures, metal weights, gourds

華《か》果《か》唐《から》草《くさ》文《もん》純《どん》子《す》

大きな石畳《いしだたみ》のような格子《こうし》地のそれぞれに、色々な植物の文様を納めた現代的な意匠です。通常、純子は二色の色糸で織られますが、この裂は四色以上の色糸を用いています。裁断をする場所で、古帛紗の雰囲気が変わる裂です。

◇ Kaka karakusa-mon donsu

◇ 名物　Meibutsu

◇ 文様／石畳·植物
Design: stone pavement, plants

萌黄鴛鴦純子《もえぎえんおうどんす》

別名「本圀寺緞子《ほんこくじ》」とも言います。裂地でいくつかの名称を持つものがあり、この裂もその一つです。整然と並ぶ青海波《せいがいは》文に鴛鴦《おしどり》が向きを変えながら配列されていて、躍動的ではありますが、地が萌黄色のため、落ち着いた雰囲気になっています。

◇ Moegi enō donsu

◇ 名物　Meibutsu

◇ 文様／青海波·鴛鴦
Design: blue sea waves, mandarin ducks

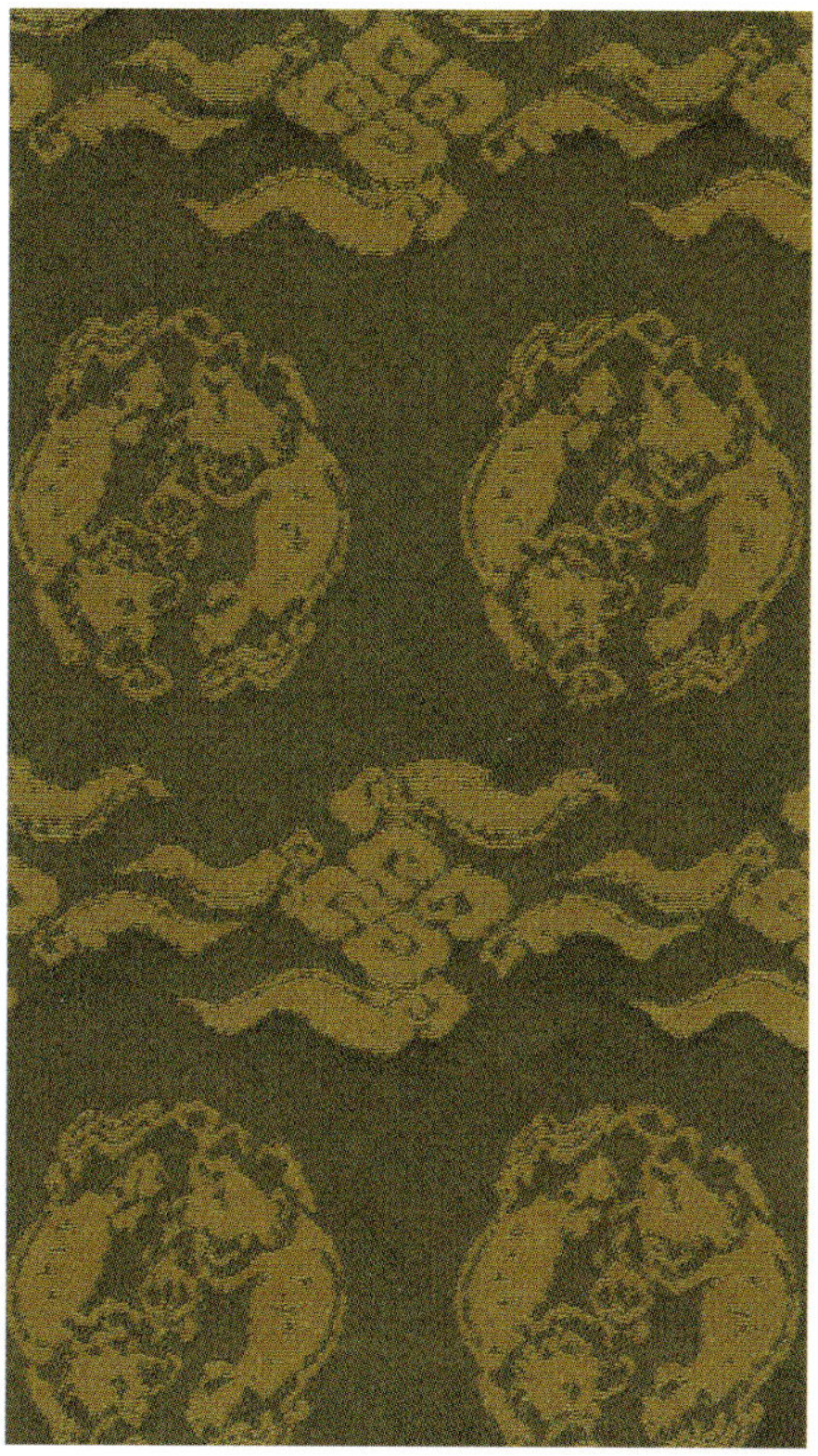

欄絹純子《らんけんどんす》

二匹の玉取獅子《たまとりじし》と雲文で構成された意匠の裂です。「欄絹」の「欄」とは緯《ぬき》や綾地と言う意味を含んでいるようで、綾地《あやじ》に緯糸で文様を織りだした裂を言います。薄くて手触りがシャリシャリするのが特徴で、この裂地を使って男帯などに仕立ててもよいでしょう。

◇ Ranken donsu

◇ 名物　Meibutsu

◇ 文様／雲·玉取獅子
Design: clouds, ball-playing lions

利休純子《りきゅうどんす》

濃藍の地色に梅鉢《うめばち》文を織りだした、茶の湯にふれている方には馴染《なじ》み深い裂です。本歌は中国明代製と思われますが、『名器録』『古《こ》今名物類聚《こんめいぶつるいじゅ》』にも記載がなく、出所が明白でない裂の一つです。名称の由来は、利休所持と伝わる棗の仕覆からとも言われます。

◇ Rikyū donsu

◇ 名物　Meibutsu

◇ 文様／梅鉢
Design: plum blossoms

萬代屋《もずや》純子《どんす》

千利休の娘婿・万（萬）代屋宗安が所持したことに由来する裂です。荒々しい波文が裂全体にあらわれ、よく見ると波頭のあたりに梅鉢文が小さく配されています。

◇ Mozuya donsu

◇ 名物　Meibutsu

◇ 文様／流水・梅花
Design: flowing water, plum blossoms

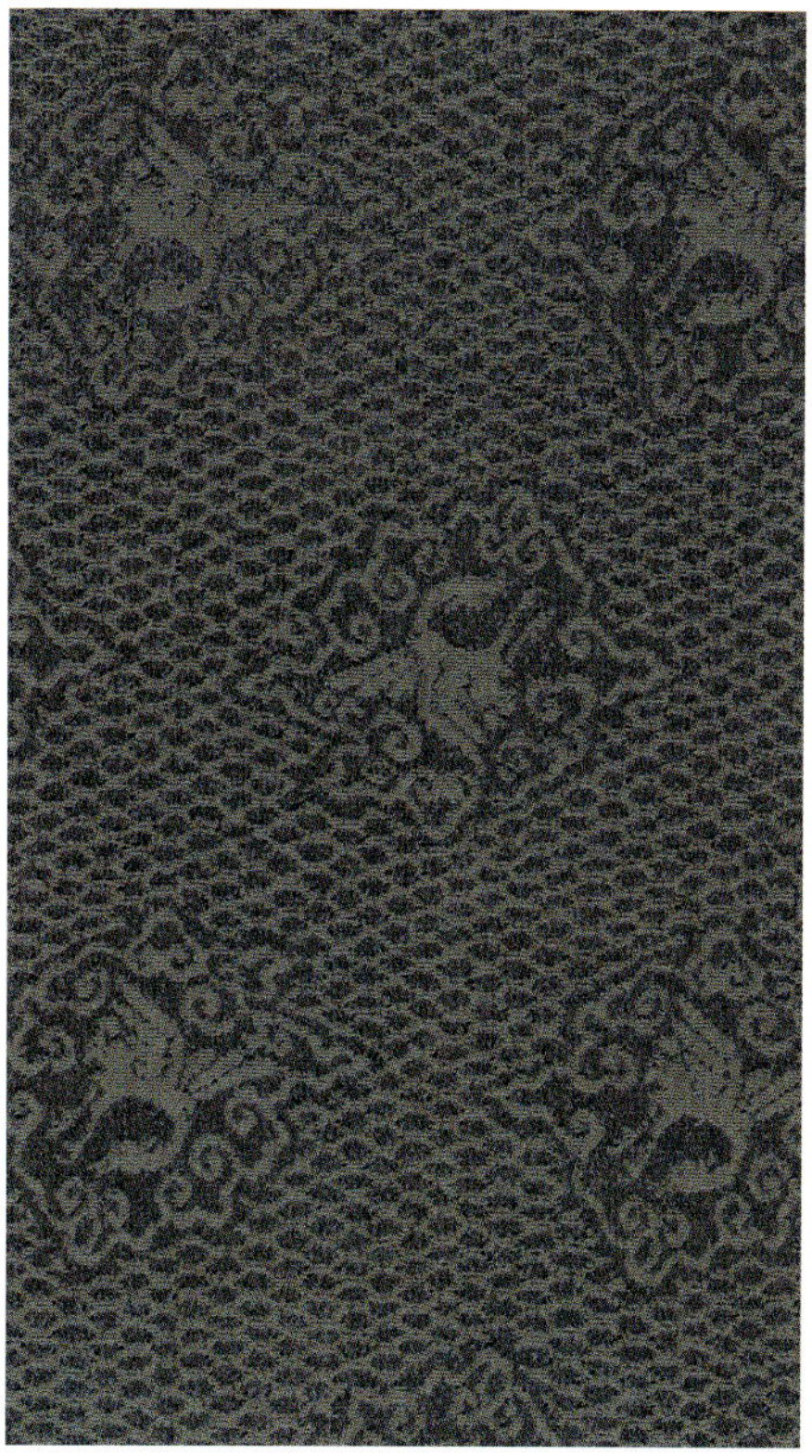

有楽純子《うらくどんす》

織田有楽が所持したことからその名が付く裂です。網目《あみめ》の地文と、雲文の中に鶴が織りだされています。落ち着いた雰囲気がありますが、目を惹き付ける魅力溢れる裂です。大名物「珠光文琳《しゆこうぶんりん》茶入」の仕覆裂にも用いられています。

◇ Uraku donsu

◇ 名物　Meibutsu

◇ 文様／網目·雲·鶴
Design: net mesh, clouds, cranes

吉祥文緞子《きっしょうもんどんす》（鶴亀鹿宝尽入）

名称の通り、縁起のよい吉祥文の意匠として、鶴と亀、宝尽文、そして鹿を配します。鹿は長寿をあらわす仙獣で、また「ろく」とも読むため、福禄寿《ふくろくじゆ》を連想させます。この裂は、千宗旦の高弟・藤村庸軒《ふじむらようけん》が好んだとされ「庸軒緞子」とも呼ばれています。

◇ Kisshō-mon donsu

◇ 名物　Meibutsu

◇ 文様／鶴 亀·鹿·宝尽
Design: cranes, turtles, deer, auspicious treasures

縞地梅鉢純子《しまじうめばちどんす》（一名 伊予簾裂《いよすだれぎれ》）

純子の中でも、緯糸《ぬきいと》の色数を多く用いた裂です。縞地に梅鉢が配された意匠ですが、この縞地は色の配列が一定ではないため、織るには非常に手間がかかります。「伊予簾裂」とも言い、これは中興名物「伊豫簾茶入」の仕覆に用いられたことにちなみます。

◇ Shima-ji umebachi donsu (Iyosudare gire)

◇ 名物　Meibutsu

◇ 文様／梅鉢
Design: plum blossoms

伊予簾純子《いよすだれどんす》

紺《こん》・白・萌黄《もえぎ》などの縞地に、小石畳と宝尽文が織りだされた裂です。中興名物「伊豫簾茶入」や「春慶口瓢簞茶入」「是色《ぜしき》茶入」の仕覆に用いられています。この裂と「縞地梅鉢緞子」は、元々は一枚の裂だったものです。

◇ Iyosudare donsu

◇ 名物　Meibutsu

◇ 文様／小石畳·宝尽
Design: stone pavement, auspicious treasures

人形手花文緞子《にんぎょうでかもんどんす》

名称に「人形手」とある通り、意匠には人が用いられています。輪《りん》郭《かく》がはっきりとしていませんが、大輪の花と女神が織り成されています。よく見ると女神は花枝を持っているものと、花を抱えているものがあります。同系色で落ち着いた雰囲気ですが、華やかな意匠の裂です。

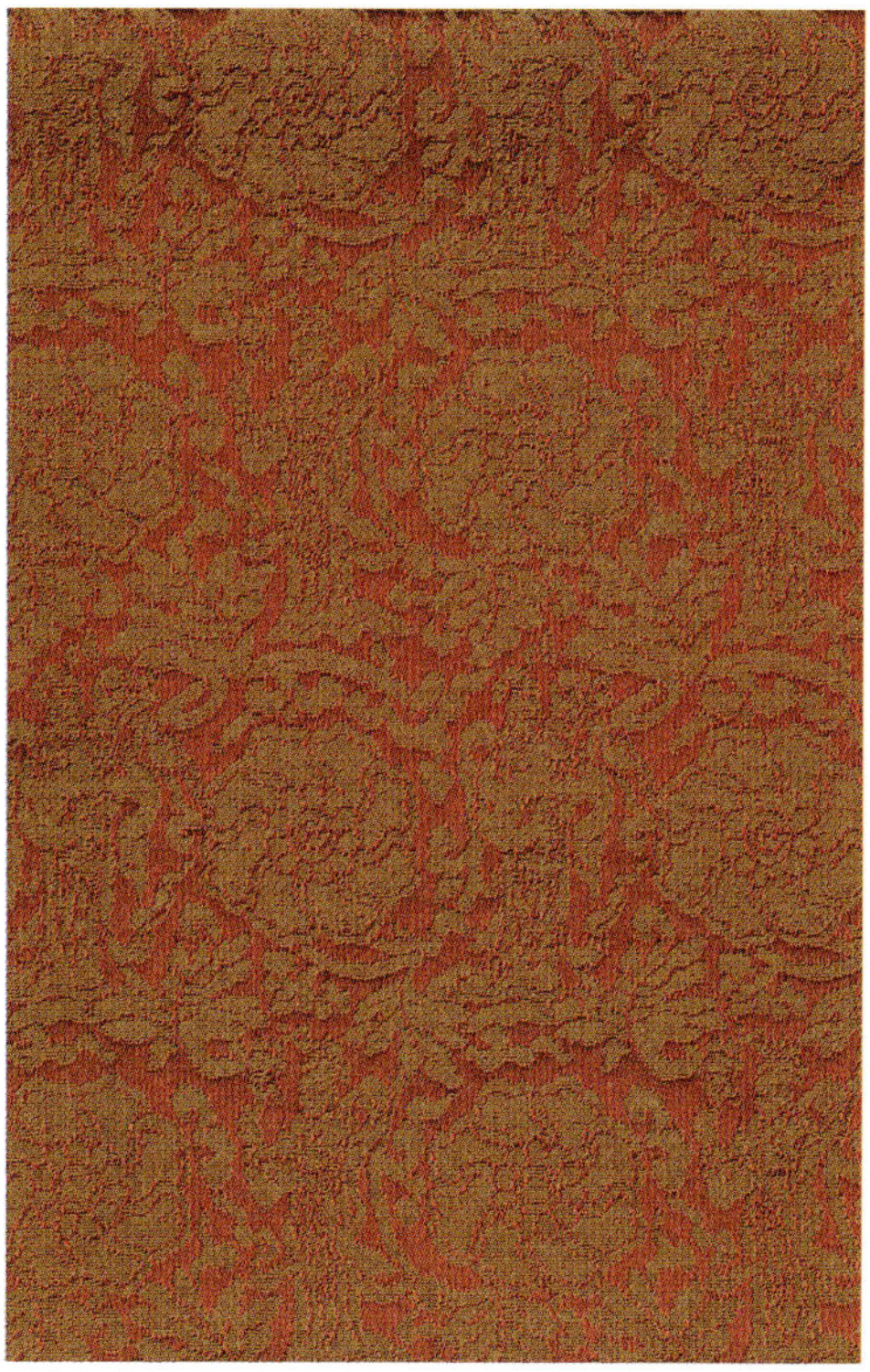

◇ Ningyō-de ka-mon donsu

◇ 名物　Meibutsu

◇ 文様／花・唐草・人物・鳥
Design: flowers, scrolling vines, human figures, birds

花《か》鳥《ちょう》文《もん》緞《どん》子《す》（一名 苺《いちご》盗人《ぬすっと》）

苺を啄《つい》ばもうとする小鳥を苺盗人に見立てたユーモラスで可愛らしい裂です。十九世紀後半のイギリスを代表するデザイナー、ウィリアム・モリス（一八三四〜九六）のデザインから緞子に作りました。

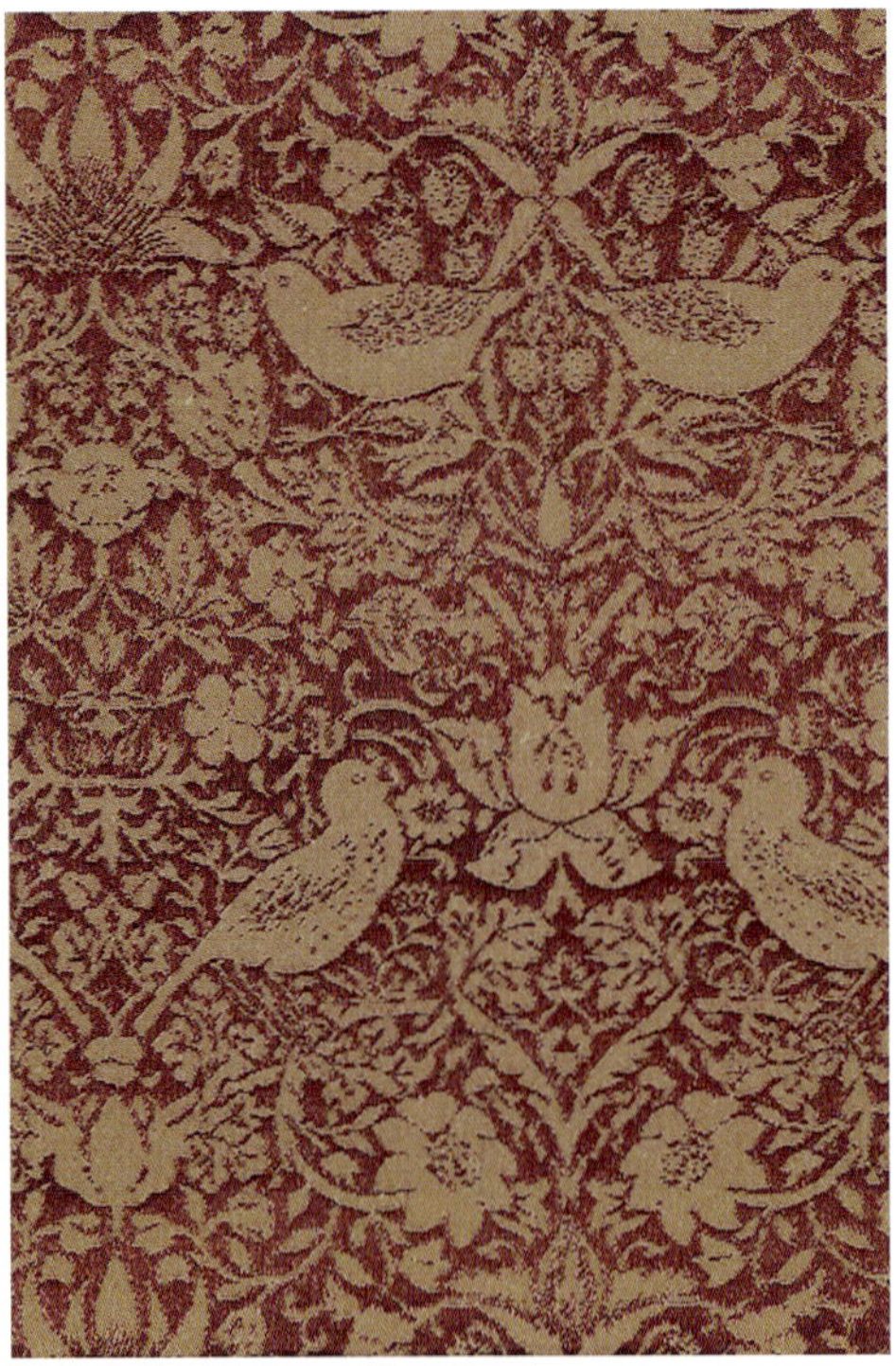

◇ Kachō-mon donsu(Strawberry Thief)

◇ 文様／花・苺・蔓・鳥

Design: flowers, strawberries,vines, birds

萬歴龍詰純子《ばんれきりゅうづめどんす》

仏像の蓮華座《れんげざ》のような文様が散りばめられたように見えますが、これは龍が丸く渦を巻いている意匠です。名称の「龍詰」は、この小さな龍が詰め込まれているように見えているところからきているのでしょう。

◇ Banreki ryūzume donsu

◇ 文様／龍
Design: dragons

唐物日月純子《からものにちげつどんす》

丸文には兎と鶏、周りには星座を象った星と雲が織り成されています。一見、不規則ですが、よく見るとそれぞれが交互に配列されています。宇宙を連想させる魅力的な裂です。

◇ Karamono nichi-getsu donsu

◇ 名物　Meibutsu

◇ 文様／雲·星·文字·鶏·兎
Design: clouds, stars, Kanji texts, roosters, rabbits

炭素《たんそ》結晶《けっしょう》文《もん》緞子《どんす》（ダイヤモンド結晶体《けっしょうたい》）

炭素の結晶体であるダイヤモンド結晶の格子構造を文様に取り入れた、先代発案のオリジナル裂です。電子顕微鏡の開発により、炭素原子が「花の文様」のように見えたことが先代の創作意欲を掻きたてたのでしょう。地色も従来にないイエローとブルーを使っています。

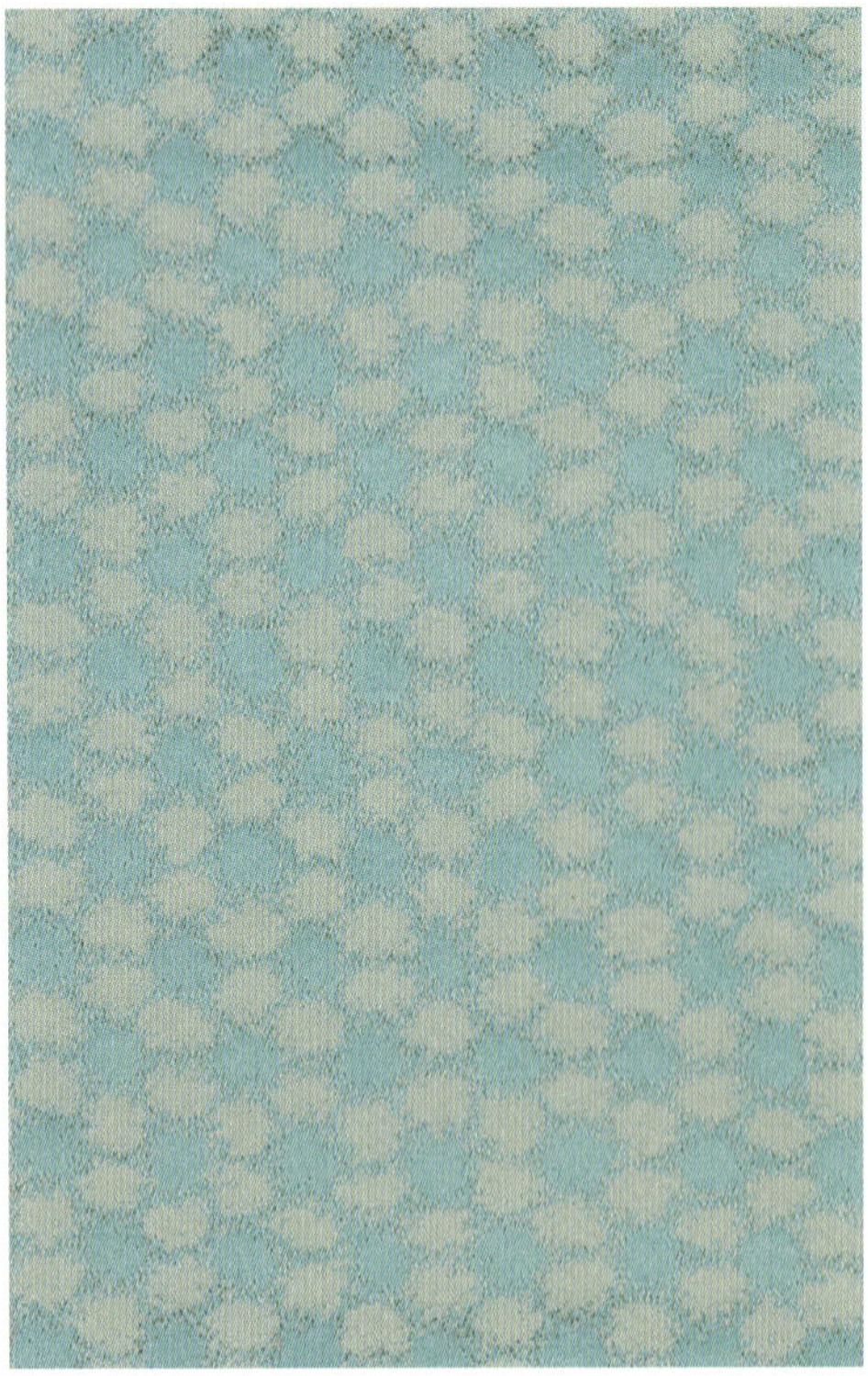

◇ Tanso kesshō-mon donsu

◇ 文様／ダイヤモンド
Design: diamond crystals

松《しょう》竹《ちく》梅《ばい》純《どん》子《す》

名物裂で「松竹梅」を文様にしている裂は多いですが、あえてそれを名称としているものはめずらしいと言えます。松竹梅文を地色の青磁に近い色味にしているため、優しい雰囲気の裂に仕上がっています。

◇ Shōchikubai donsu

◇ 名物　Meibutsu

◇ 文様／松・竹・梅花
Design: pines, bamboo, plum blossoms

雲《うん》鶴《かく》緞《どん》子《す》

雲と鶴は、文様の中でも比較的よく用いられる裂の意匠です。この裂は、名称の通り雲と鶴を繊細《せんさい》に織りだしており、緞子の中でも特に薄く作られています。また柄も細かく仕覆などにも適しています。

◇ Unkaku donsu

◇ 名物　Meibutsu

◇ 文様／雲･鶴
Design: clouds, cranes

唐花文繻珍《からはなもんしゅちん》

繻珍とは、繻子地《しゅすじ》に文様を織りだした織物のことです。地糸の他に多くの色糸を用いて模様が浮きでるように織るため、地の繻子地は滑らかですが、文様の部分は立体的でゴワゴワとした手触りです。多くの経糸《たていと》を使用し織り方も複雑なため、復刻が難しい裂と言えます。

◇ Kara hana-mon shuchin

◇ 名物　Meibutsu

◇ 文様／唐花
Design: flowers

風通《ふうつう》

地組織《じそしき》が二重組織の織物《おりもの》。色の異なる色糸で表の組織と裏の組織が織られ、間に風が通るように隙間《すきま》ができるためにこの名が付いたと言われます。裂地の裏側を見ると、地模様の色がちょうど逆に見えます。地にしっかりとした地文があらわれるのも風通の特徴です。特に算崩《さんくず》し（三崩し）の模様はよく見られるもので、和算や占いで使う算木を並べたように見えることからこのように呼ばれています。地組織の上にあらわれる柄は別組織で織られています。

Fūtsū

Double-layered textile. Different colored threads are used on each side of the textile, resulting in the same pattern but contrasting colors in the front and back. The design makes it appear as if the wind, 風 “fū”is blowing through 通 “tsū” the threads, hence the name. Fūtsū is characterized by its bold designs. A frequent pattern is *Sankuzushi*, which looks like counting or divining “san” rods lined together and laid in a crisscross “kuzushi” pattern. The base pattern is created through a separate process.

花《か》鳥《ちょう》文《もん》金《きん》風《ふう》通《つう》裂《ぎれ》

紺の地色に算崩し文様、花形の円文に花鳥文の可愛らしい裂です。この鳥は尾が長いので、おそらく鳳《ほう》凰《おう》でしょう。

◇ Kachō-mon kin fūtsūgire

◇ 名物　Meibutsu

◇ 文様／花・鳥・分銅
Design: flowers,birds, metal weight

竹《たけ》之《の》節《ふし》風《ふう》通《つう》

この裂でまず目を引くのが、丸龍と稲妻が走ったような折れ線です。しかし、これらはどれも名称に反映されていません。名称の「竹之節」とは地文の縦縞を竹に見立ててのことなのでしょう。私は縦縞を雨として雷と雨龍と連想しますが皆さんはいかがでしょう。

◇ Take-no-fushi fūtsū

◇ 名物　Meibutsu

◇ 文様／竹の節・丸龍・稲妻
Design: bamboo nodes, round dragons, lightning

龍《りゅう》之《の》丸《まる》金《きん》風《ふう》通《つう》裂《ぎれ》

地文の風通は竹の節か木賊《とくさ》柄か。その中で際立つ金糸で形成された丸龍が力強さを感じさせます。

◇ Ryū-no-maru kin fūtsū gire

◇ 名物　Meibutsu

◇ 文様／龍·木賊
Design: dragons, equisetums

蝶丸木賊手金風通裂《ちょうまるとくさできんふうつうぎれ》

「龍之丸金風通裂」によく似た柄行き。この裂地は木賊柄の地に、二匹の蝶が向かい合って輪花《りんか》のような円文を作っているのが特徴です。地文の線の太さに大小があるため、裂全体に躍動感《やくどうかん》があります。

◇ Chō-maru tokusa-de kin fūtsū gire

◇ 名物　Meibutsu

◇ 文様／蝶・木賊
Design: butterflies, equisetums

鳥丸金風通《とりまるきんふうつう》

鳳凰《ほうおう》や鶴など、鳥文様の裂は数多くありますが、これほど沢山の鶏《にわとり》の文様が入る裂はめずらしいと言えます。列ごとに鶏の上下を変えることで、整然とならびながらも意匠が柔らかく感じられます。菱地《ひしじ》の石《いし》畳《だたみ》も印象的です。

◇ Tori-maru kin fūtsū

◇ 文様／菱地石畳·鶏
Design: diamond stone pavement, roosters

蜀江《しょっこう》手《で》金《きん》風通《ふうつう》裂《ぎれ》

風通に蜀江錦の柄を合体させた裂です。算崩《さんくず》し地を背景に、菱形の中には意匠化された花文が入り、洗練された印象を与えます。

◇ Shokkō-de kin fūtsū gire

◇ 名物　Meibutsu

◇ 文様／算崩し・唐花・八弁花
Design: counting rods, flowers, eight-petal flowers

和蘭《オランダ》風《ふう》通《つう》木《も》綿《めん》

白と黒の色味だけで幾何学《きかがく》的に織られた裂。名前に木綿と付いてますが木綿ではありません。これは先代が端《は》切《ぎ》れから復元したもの。モダンな印象をあたえます。

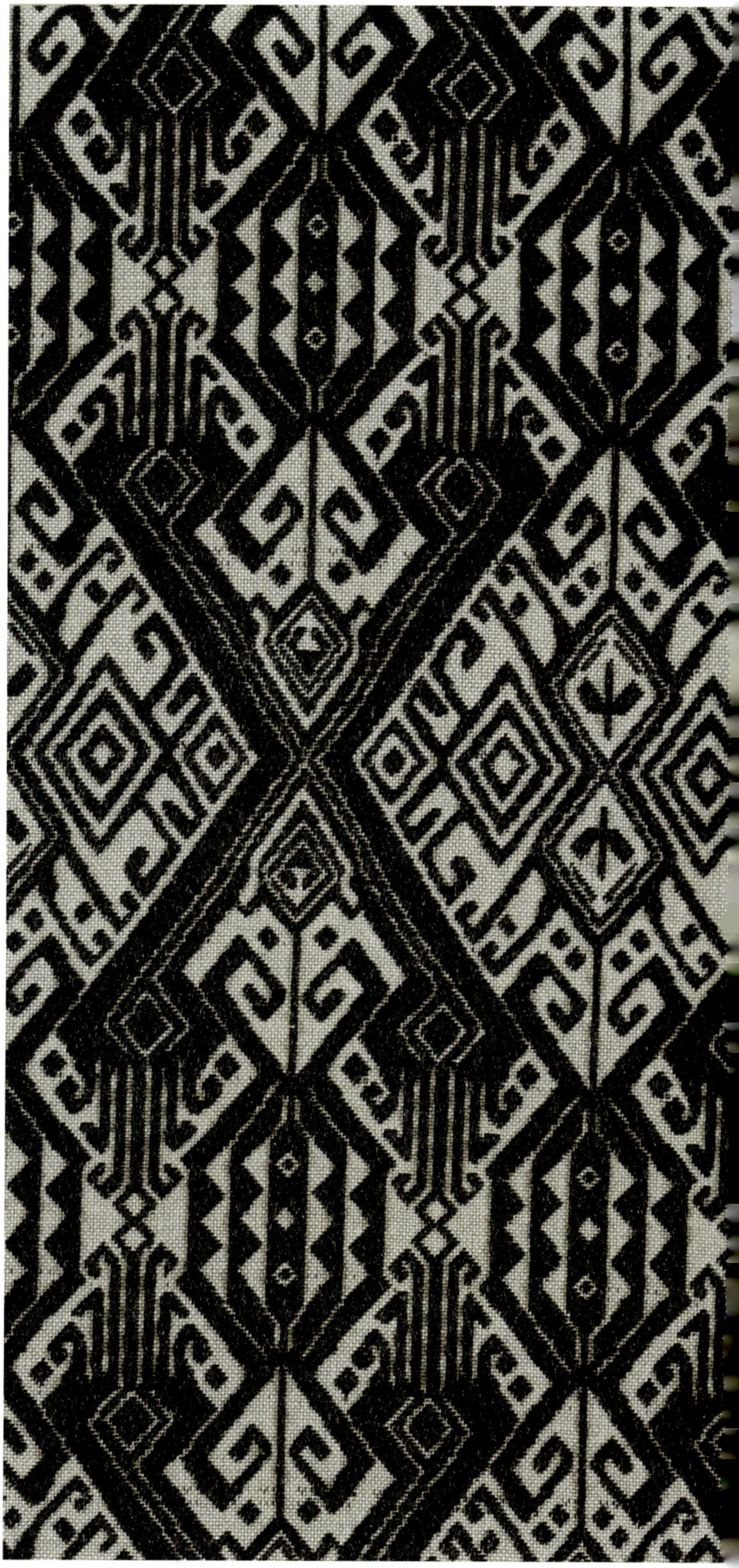

◇ Oranda (Holland) fūtsū momen

◇ 文様／幾何学文
Design: geometric patterns

風通の説明（124頁）でも書きましたが、風通とは地組織が二重組織になっている織物です。これは表と裏が別々に組織されているということです。

風通の特徴と言えば、裏地に表地の色味と逆の柄がはっきりとでることです。これは経《たて》糸二色を重ね、緯《ぬき》糸も同じ二色を用いて織りだし、同色同士の経緯《たてぬき》を組織していくためです。あらたに裂を創り出す場合、名物裂などの復刻は別として、それ以外の裂地なら、表地か裏地どちらを表面にするかを、その地文の面白さで決める場合もあります。選択の楽しみを与えてくれる裂です。

裂の不思議②

裏地がそのまま裂地のデザインに！
風通織の魅力

風通裂の表面と裏面。色味が逆になった文様が見える

モール

細い金属（金や銀）を糸状にした金・銀糸を絹糸《きぬいと》に巻き付けたモール糸を用いた織《おり》物《もの》です。「毛織・莫臥児・莫臥爾」など、さまざまな漢字が当てられるこの織物は、十六世紀のインドの王朝・ムガール帝国時代に始まり、ムガールが訛りモールとなったと言われています。金襴《きんらん》ほど煌《きら》びやかではなく、独特の風合いが味わえます。近年は国内の繊細《せんさい》なモール糸の生産が難しくなってきていますが、後世にも残していきたい味わいのある美しい裂地です。

Mōru

Mōru refers to silk thread wound with hair-thin gold or silver metal wires. Textiles woven with Mōru thread entered Japan from India in the 16th century during the Mughal Empire, from which its name is derived. Although not as luxurious as Kinran, Mōru has a distinct appearance that is admired by many connoisseurs. Production of the delicate Mōru thread is diminishing in Japan, although its affecting beauty needs to be preserved for posterity.

菊《きく》唐草《からくさ》金《きん》銀《ぎん》莫臥児《モール》

毛織の中でも最も古い現存例の裂です。金・銀のモール糸を惜しげもなく用い、菊や唐草を織りだしていますが、柄自体はそれほど主張していません。光の当たる角度により柄の見え方が変わるため、茶室に射し込む自然光の中では、より美しさを感じます。

◇ Kiku karakusa kingin mōru

◇ 名物　Meibutsu

◇ 文様／菊・鉄線・唐花
Design: chrysanthemums, clematis, flowers

花《か》卉《き》莫臥爾《モール》織《おり》

この裂は、先代が見つけた端切れから新たに作りなおしたものです。横一列に並んだ花文が刺繍《ししゅう》のように見えますが、これはモール糸がその立体感をだしているのです。

◇ Kaki mōru ori

◇ 文様／草花
Design: flowering plants

唐花《からはな》文《もん》金《きん》莫臥爾《モール》織《おり》

さわやかな色合いで薄手ながら心地よい手ざわりの裂です。青いライン上に大きな唐花、朱鷺《とき》色の上には五弁の小花文が華やかです。花の部分に細いモール糸が使われ、味わい深さを感じさせます。

◇ Karahana-mon kin mōru ori

◇ 文様／唐花·唐草·五弁花
Design: flowers, scrolling vines, five-petal flowers

莫臥児《モール》

インドで織られていたと言われるモールは、貿易とともに日本に渡ってきたものです。この裂の柄は紬《つむぎ》の風合いを感じさせますが、紬もインド・東南アジアから伝えられたとされています。レースのようなモール糸の織文様も異国情緒があり、この裂の原点を見るようです。

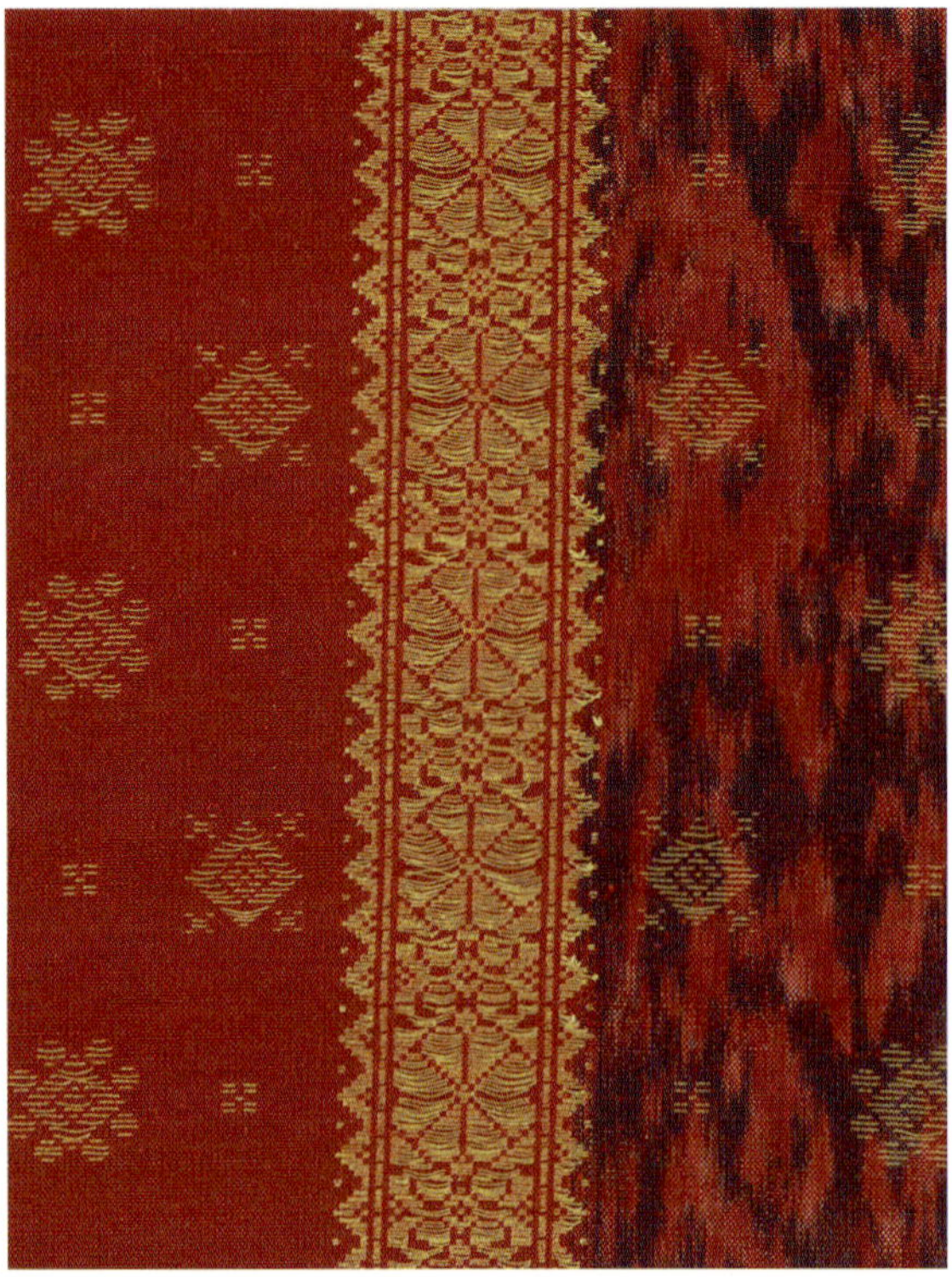

◇ Mōru

◇ 文様／小花·唐花·幾何学·絣文

Design: small flowers, flowers, geometric patterns, splashed patterns

渡裂《わたりぎれ》（人形手《にんぎょうで》）

金襴《きんらん》の「渡裂」とは出典が異なる裂です。よく見ると草花や動物の柄があり、木立にはアジア西域の女性でしょうか、植物に水をあげているようにも、琵琶を弾いているようにも見えます。裂地の意匠にはシルクロードに影響を受けたものもあり、この裂もその一つです。

◇ Watari gire (ningyō-de)

◇ 文様／人物·樹木·獣·雲·草花
Design: human figures, trees, animal figures, clouds, flowering plants

波斯《ぺるしゃ》金《きん》莫臥爾《モール》織《おり》

いくつもの大きさの違うペイズリーが散りばめられています。全体に柔らかい色合いですが、金・銀のモール糸を全体に使った華やかで手触りの柔らかい裂です。

◇ Perusha (Persian) kin mōru ori

◇ 文様／ペイズリー・草花
Design: paisley, flowering plants

干支帛紗を愉しむ

Appreciating Zodiac Signs in Textiles

先代（八代目徳齋）の時代から、干支《えと》にちなむ裂を製作しています。名物裂《めいぶつぎれ》や伝統的に残っているパターン（段織《だんおり》・立涌《たてわく》・丸文・石畳《いしだたみ》など）を登場させながら、名物裂ではできないオリジナル裂らしい遊び心も取り入れていて製作しています。アイデアというのは、本当に何から生まれるかわかりません。それは自然界の色からやってくるかもしれませんし、寺社を巡っているときに刺激されるかもしれません。アンテナを方々に立てていると、ふと心が揺さぶられるものに出会ったりします。そんな私のアンテナに引っかかり、形となったものをここで紹介します。

十二支の筆頭に位置する「子《ね》」。「ネズミ」の名前の由来は諸説あります。地面近くの根に住み着くものという意味で「根棲」や「根栖」、また人間の周囲にいて、食料などを盗み取っていく「ぬすみ（盗み）」からきているとも言われます。現在では、厄介者として扱われる「ネズミ」ですが、古くは白いネズミのことを「白っ子」と呼び、古くから福の神の使者として崇められ、住む家は必ず栄えるとも言われた縁起のよい生き物です。

子

Rat

図柄は、宮城県松島の瑞巌寺（ずいがんじ）本堂の玄関口の欄間に彫られた葡萄と栗鼠（りす）の意匠が美しく、そこから着想を受け完成させました。

◇ 紹紦鼠奔葡萄蔓草裂《しょうはねずみばしりぶどうつるくさぎれ》

◇ Shōha nezumi-bashiri
budō tsurukusa gire

丑　Ox

里の子よ　梅をりのせて　牛の鞭　芭蕉

大きく悠々とした体躯《たいく》、ゆったりとしたその動き。牛は古くから人とともにあって、日本では運搬や耕作に有用な家畜として重宝されてきました。ほかにも天神様の使いとして、民衆から篤い信仰と寵愛《ちょうあい》の的となる存在でもあります。天神様・菅《すがわ》原道真《らのみちざね》公が好まれた梅と牛の組み合わせは、よく親しまれるモチーフです。また中国では、画題として水牛が盛んに造形化されてもいます。

鹿と花柄で構成された古渡（こわたり）の更紗（さらさ）から発想を得ました。まだ線が細くあどけなさが残る仔牛が、梅林で無邪気に遊ぶ様子を図柄にしました。

◇ 紹巴《しょうは》仔牛《こうし》梅鉢文《うめばちもん》

◇ Shōha ko-ushi umebachi-mon

寅

Tiger

「虎は一日に千里を行く」と言われるほど行動に長けた動物です。黄褐色の全身に黒い縞柄が入るその容姿は、獰猛《どうもう》だけれども気高く、巨体だが機敏で、恐ろしい反面、優雅な美しさがあったりと、見る者に相反する感情を抱かせます。威風堂々《いふうどうどう》としたその存在は、古くより崇敬され、多くの文様に取り入れられてきました。

元は『古今名物類聚』の「名物切の部・一」に「虎」の項目で掲載されていた柄を、紹紦織で現在に復活させたものです。徳齋の干支帛紗第一号の一枚です。

◇ 虎緞子《とらどんす》 （146頁）

◇ Tora donsu

鳥獣戯画（ちょうじゅうぎが）の虎の絵を主題に、のんびりと闊歩する虎を図柄にしました。

◇ 紹紦虎豹文裂《しょうはこひょうもんぎれ》 （147頁）

◇ Shōha ko-hyō-mon gire

兎はヨーロッパ南西部に起源を持つと言われる動物です。耳の長い軽快な格好で飛び跳ねる姿は、古くより人々の興味を引いてきたのでしょう、瑞兆《ずいちょう》をあらわす白兎や月の象徴としての玉兎など、多くの文様が存在します。

卯

Hare

角倉素庵によって出版された謡本の一部の、本文料紙に施された兎文を主題とした裂。大きな耳が目に留まります。

◇ **紹《しょう》巴《は》瑞兆白《ずいちょうはく》兎《と》文《もん》**（148頁）

◇ Shōha zuichō hakuto-mon

霊芝雲（れいしぐも）の間を飛び回る兎。夜空で繰り広げられる楽しい光景の意匠です。

◇ **紹《しょう》巴《は》玉兎裂《たまうさぎぎれ》**（149頁）

◇ Shōha tama-usagi gire

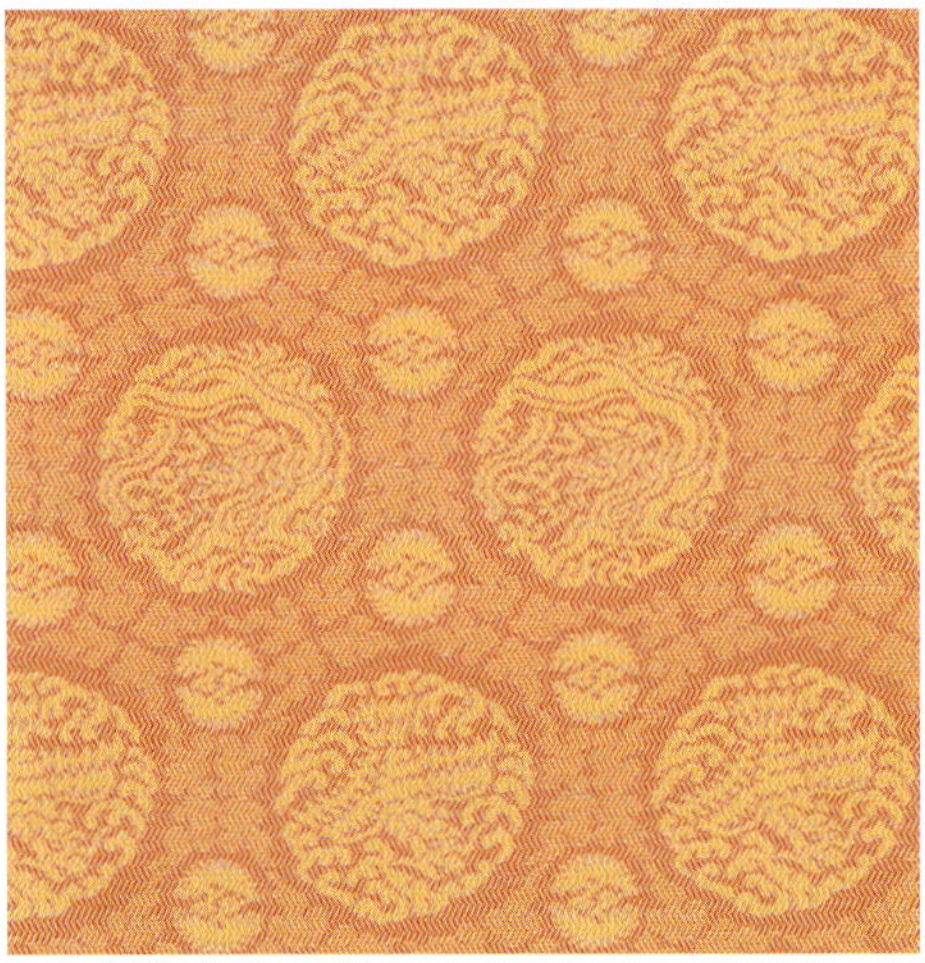

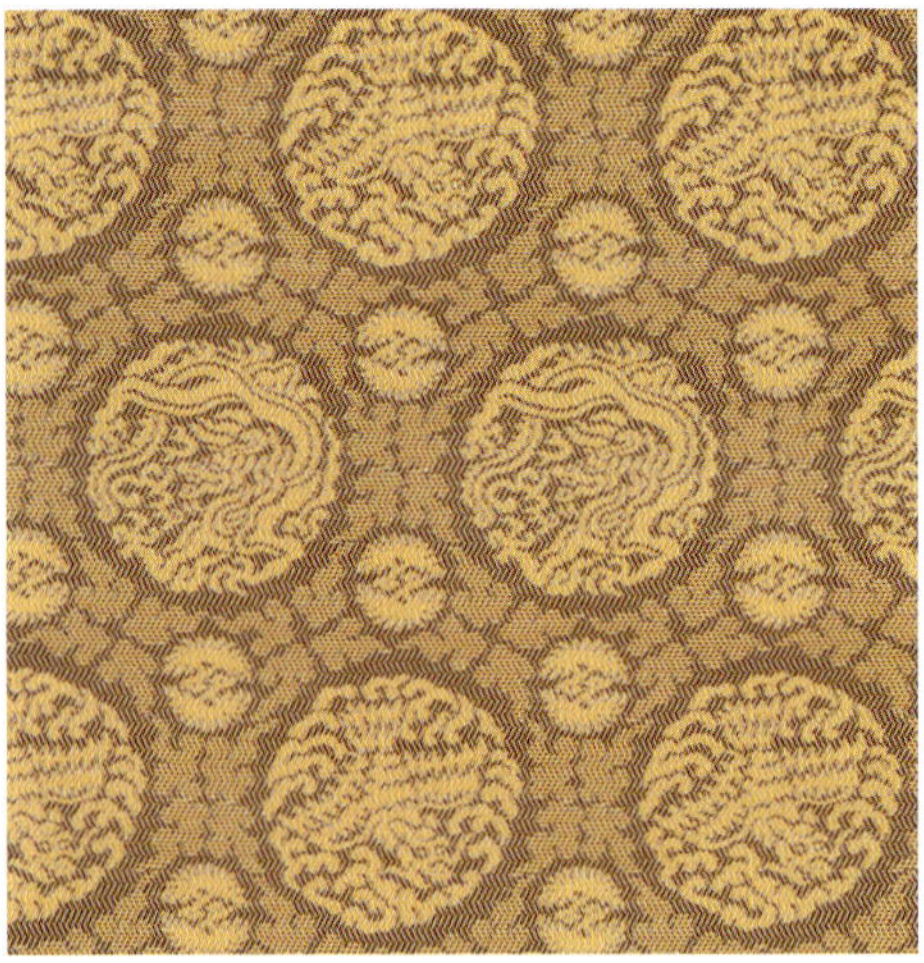

龍は元々、架空《かくう》の動物ですが、古代中国では、実在すると考えられてきました。「龍には九似あり」と言われ、「角は鹿に似、頭は駝に、眼は鬼に似る。項《うなじ》は蛇に似、腹は蛟《みずち》、鱗《うろこ》は鯉に似て、爪は鷹に似る。掌は虎に似て、耳は牛に似たり」とされます。これが今日私たちが龍の条件としている型です。中国では昔から「皇帝の象徴」とされる非常に徳のある神獣ですし、日本においても、その徳の位は引き継がれています。

Dragon 辰

丸文の龍は力強い「青龍」、もう一つの丸文には翼を持つめずらしい姿の「飛龍」を交互に配しています。

◇ 正《しょう》羽《は》飛《ひ》龍《りゅう》乗《じょう》雲《うん》丸《まる》 （150頁）

◇ Shōha hiryū jyō-un-maru

「たつのおとしご」はヨウジウオ科の沿岸魚。その姿から龍の赤ちゃんを連想して名付けられたのでしょう。英語ではSea horse（海の馬）になるのが面白いですね。

◇ 紹《しょう》紦《は》龍《たつ》之《の》落《おとし》子《ご》裂《ぎれ》 （151頁）

◇ Shōha tatsu-no-otoshigo gire

七福神の一人「弁財天《べんざいてん》」は巳《み》や龍の化身と言われています。怨敵《おんてき》を除去し、芸能・音楽・福徳・智恵・財宝を与える女神として、古くから信仰されているように、巳は福徳があるものとして広く尊ばれています。全国各地にも巳を主人公とした豊作行事が数多くあるのがその証拠と言えます。

巳

Serpent

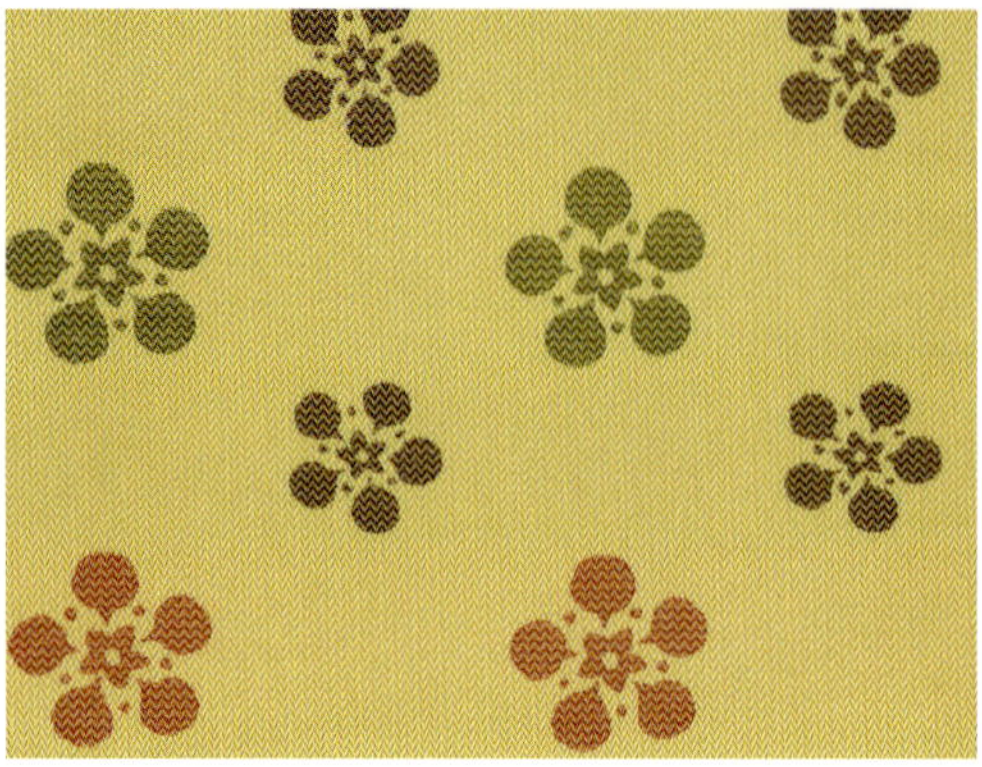

ペルーのアンデス文明で盛んに製織された、「もじり編裂」の文様をモチーフにした菱形の巳文様です。

◇ 紹《しょう》紦《は》襲色《かさねいろ》菱《ひし》巳《み》文《もん》（上3点）

◇ Shōha kasaneiro hishi-mi-mon

桃花文は別名「上巳文」。三月三日は桃の節句ですが、元々三月の最初の「巳」の日を「上巳」と呼んだことに掛けての桃花文です。

◇ 紹《しょう》紦《は》上巳《じょうし》文《もん》緞子《どんす》（下2点）

◇ Shōha jōshi-mon donsu

草原を颯爽《さつそう》と駆け抜ける躍動感《やくどうかん》溢れる力強い姿。伝説によれば、馬は野の草に神が一握りの南風を吹きかけて創ったと言われます。世界の各地で神聖視され、農耕民の間では信仰の対象にまでなっています。日本においても、絵馬《えま》などはその存在を端的にあらわすものです。人と馬との関係はきわめて古く、時代により移動手段や、ともに戦う武器、心通わす友であったりと、その存在は華やかで大きいものです。

午

Horse

幼い二匹の仔馬が並んで軽やかに歩く場面を図柄としました。

◇ 紹《しょう》紦《は》仔《こ》馬《うま》緞《どん》子《す》

◇ Shōha kouma donsu

羊は今から一万~八千年前に、中央アジア（現在のイスラエルからトルコ・イラク・イラン周辺）で家畜化されたと言われます。年月を経て世界各地で飼育され、日本においても、五九九年に百済《くだら》より駱駝《らくだ》とともに招来したことが『日本書紀』に記されています。その種類、角が下方へ湾曲《わんきょく》したものや渦巻き形のもの、角のないものとさまざまです。中国では神聖な動物とされ、「祥」のように「羊」が一部に入った文字は二百近くに及びます。

未

Sheep

牧場を歩く黒い顔に白い体の羊は、イギリス原産のサフォーク。動くと揺れる大きな耳の羊たちを、一匹の牧羊犬が誘導しています。

◇ 紹《しょう》紦《は》羊《よう》雲《うん》裂《きれ》 （154頁）

◇ Shōha yōun kire

東イランの織物を題材に、抑えた色調で中央アジアの羊を表現しました。

◇ 紹《しょう》紦《は》双《そう》羊《よう》華《か》文《もん》 （155頁）

◇ Shōha sōyō ka-mon

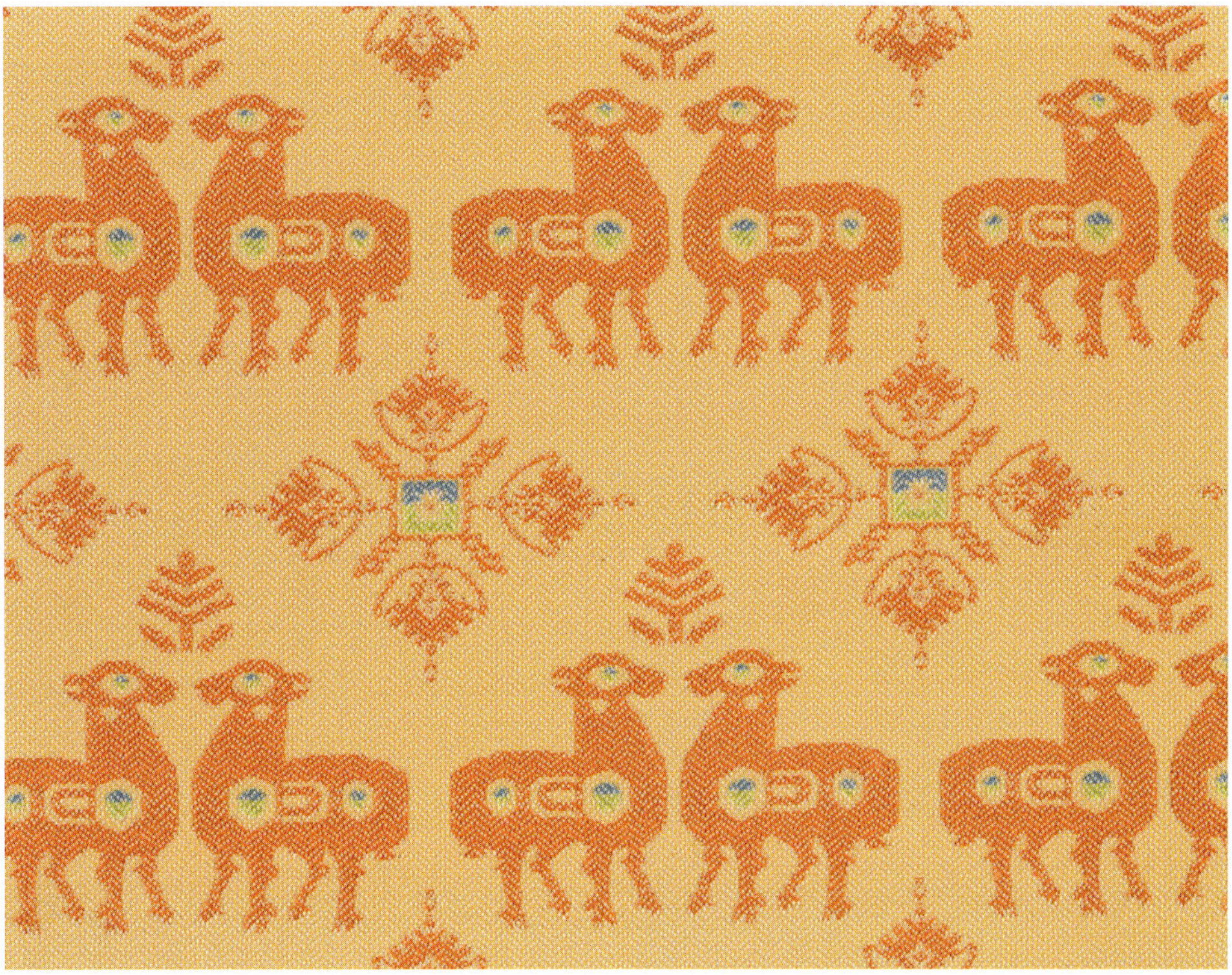

愛敬ある性格、二足歩行の姿、猿は人に一番近い動物と言われます。、生物学的観点から見れば、ヒトもまた「サル」の一種にほかなりません。猿が「猿まね」「猿智恵」などの小利口な者を罵る言葉に使われるのは、ほかの動物と比して人に近い証拠かもしれません。猿は、諸願成就《しょがんじょうじゅ》や祈念対象の「庚申《こうしん》さん」として信仰の対象にもなっていて、清濁《せいだく》併せ呑む多様な存在と言えます。

Monkey

申

楽しそうに連鎖する手長猿に「蟠桃（不老長寿の桃）」の果実を添えたユーモラスな裂です。

◇ 紹《しょう》紀《は》福寿《ふくじゅ》蟠桃《ばんとう》猿《えん》果《か》文《もん》 （156頁）

◇ Shōha fukuju bantō enka-mon

尾長猿を抽象化し、雲珠文と抱き合わせた文様を横に並べた意匠です。

◇ 紹《しょう》紀《は》朝三《ちょうさん》暮《ぼ》四《し》文《もん》 （157頁）

◇ Shōha chōsan-boshi-mon

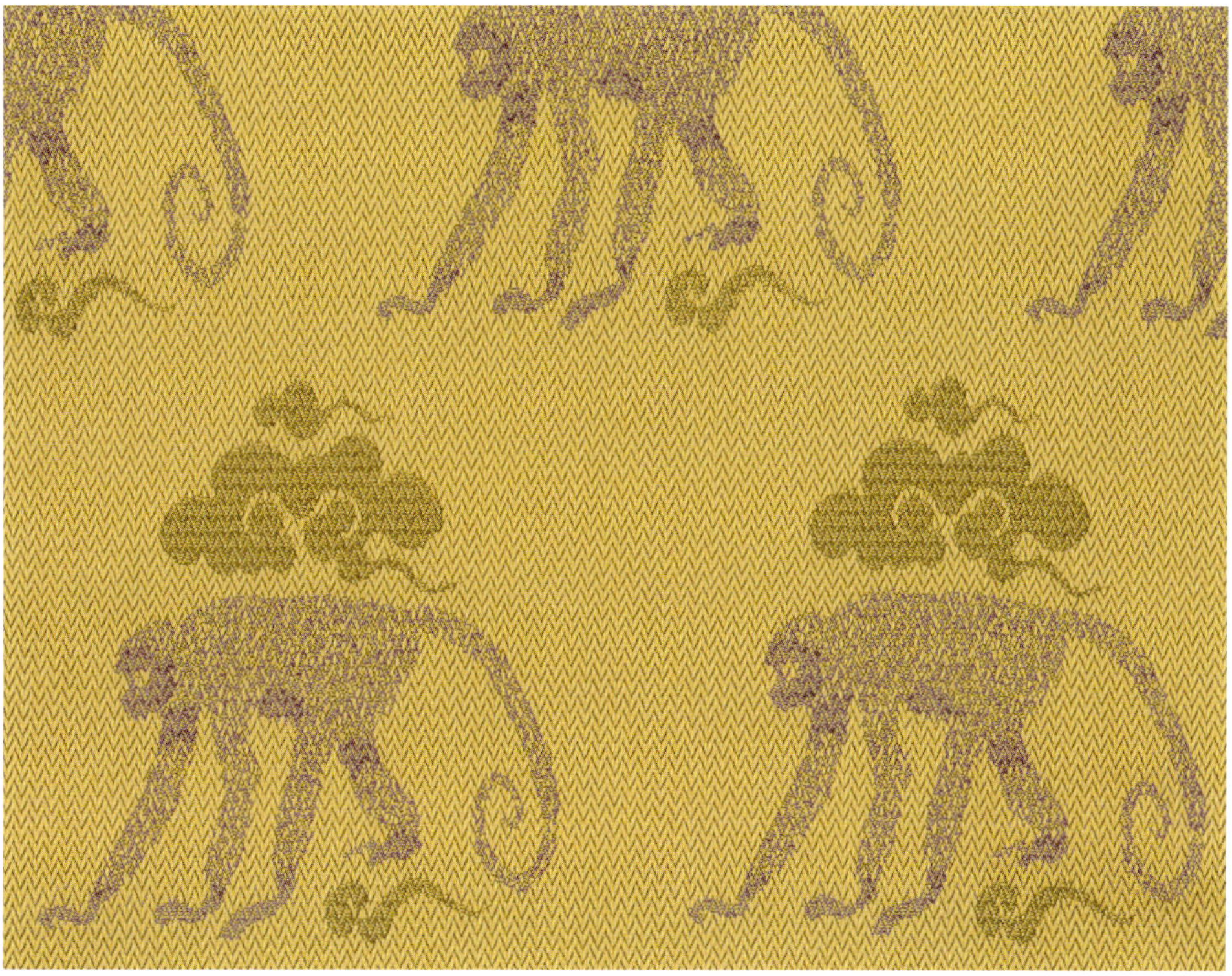

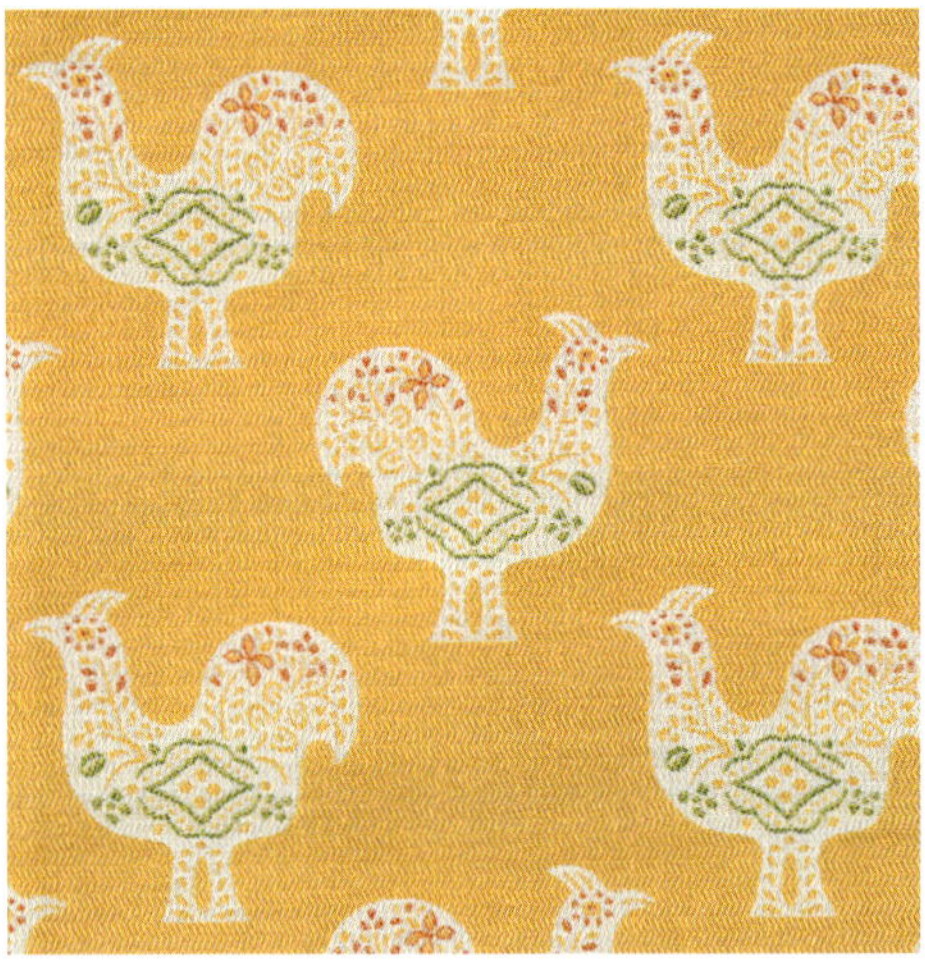

現在、鳥の種類は約一万種とも言われ、動物の中でも、もっとも種類の豊富な種の一つです。その起源は古く、鳥類の始まりとされる始祖鳥は、一億五千年ほど前に生息していたとされています。鳥をモチーフとした造形は、古くから絵画や彫刻など、美的、実用的な目的を持つあらゆるものに認められます。

酉

Rooster

鶏は西洋では風見鶏、日本では長鳴鳥と呼ばれます。鶏に華麗な色調の草花を施した文様は、フランス風の鶏文をイメージしました。

◇ 紹《しょう》紦《は》鶏《けい》花《か》佳《か》容《よう》文《もん》 （158頁）

◇ Shōha keika kayō-mon

「聞鶏起舞」とは、鶏の鳴き声とともに起きて修行に励むという意味です。この文様は、尾長鳥をイメージした鶏に立涌文を施した、縁起のよい意匠にしました。

◇ 正《しょう》羽《は》立涌《たてわく》聞鶏《ぶんけい》起《き》舞《ぶ》文《もん》 （159頁）

◇ Shōha tatewaku bunkei-kibu-mon

戌《いぬ》は十二支の中でも、人との生活に一番長く溶け込み寵愛《ちょうあい》され、最初に家畜となった動物と言われます。また大変忠実で、狩猟用、番用、愛玩用として、その存在はさまざまな範囲に及びます。民話の世界でも、正直で義理堅い戌にまつわる話が数多くあります。戌の性質に倣い、戌年生まれの人は正直で義理堅く、自尊心が強い運勢を持つとも言われるほどです。画題においては、愛らしさを豊かに表出した面が数多く使われています。

戌

Dog

独楽（こま）と戯れる、円山応挙風の丸まるとした小犬たちが、裂面を所狭しと転げまわります。

◇ 紹《しょう》紦《は》小《こ》犬《いぬ》遊《ゆう》興《きょう》文《もん》

◇ Shōha koinu-yūkyō-mon

亥

Boar

日本では「亥」の字は「イノシシ」と呼びますが、中国や韓国では豚を指すため、「山猪」と書かないと通用しません。また家に飼う猪を家猪、野生の猪を野猪と分類しています。中国や韓国では、亥よりも豚の方が篤く敬われているのか、十二支の配列に亥の代わりに豚が配置されています。「亥」に「木編」を付けると「核」となり、物の中心中核を成す強い役割を示す意味合いとなります。猪突猛進の亥らしい意味とも言えます。

生まれて間もない「うり坊」と「狗尾草（えのころぐさ）」。可愛らしい裂です。

◇ 紹紀《しょうは》猪《い》の子文《こもん》

◇ Shōha inoko mon

植物には、動物の漢字が入った名前のものがいくつかあります。植物に造詣《ぞうけい》が深く、非常に好きだった先代は、植物を意匠とした干支帛紗をいくつか製作しました。ここでは干支を植物に託してデザインした裂を紹介します。

植物

Plants

鼠麹草とはキク科の越年草。春の七草の一つで、昔は若い芽を摘んで草餅にしていました。

◇ 紹紦《しょうは》鼠麹草《そきくそう》文《もん》（上2点）

◇ Shōha sokiku sō-mon

牛繁縷はナデシコ科の越年草。春の七草の代表・ハコベラに蜂が飛んできています。

◇ 紹紦《しょうは》牛繁縷《うしはこべ》文《もん》（下2点）

◇ Shōha ushihakobe-mon

虎杖はタデ科の多年草。イタドリとも呼び、ほかにもスカンポ、スッパグサなどとも呼ばれます。鳥はセキレイです。

◇ 紹《しょう》紦《は》虎《こ》杖《じょう》文《もん》

◇ Shōha kojō-mon

狗尾草はイネ科の一年草。穂が犬の尾に似ていることからの名称です。

◇ 紹《しょう》紦《は》狗尾草《えのころぐさ》文《もん》

◇ Shōha enokorogusa-mon

光蕚猪豆はマメ科の多年草。草丈約１メートルの半低木状草木で、花には艶があり名前の由来になったと思われます。

◇ 紹《しょう》紦《は》光《こう》蕚《がく》猪《ちょ》豆《とう》文《もん》

◇ Shōha kōgakuchotō-mon

は	62	花喰鳥葡萄唐草金襴	はなくいどり ぶどうからくさ きんらん	Hanakuidori budōkarakusa kinran
	88	縹地蜀江錦	はなだじ しょっこう にしき	Hanada-ji shokkō nishiki
	88	萬歴蜀江錦	ばんれき しょっこう にしき	Banreki shokkō nishiki
	119	萬歴龍詰純子	ばんれき りゅうづめ どんす	Banreki ryūzume donsu
	109	飛雲獣純子	ひうんじゅう どんす	Hiunjū donsu
	49	東山裂	ひがしやまぎれ	Higashiyama gire
	49	東山金襴	ひがしやま きんらん	Higashiyama kinran
	106	日野間道 (赤緯縞)	ひの かんとう (あかよこじま)	Hino kantō (aka yoko-jima)
	106	日野間道 (薄紫)	ひの かんとう (うすむらさき)	Hino kantō (usumurasaki)
	106	日野間道 (細縞)	ひの かんとう (ほそじま)	Hino kantō (hoso-jima)
	96	緋牡丹唐草鳳凰文錦	ひぼたん からくさ ほうおうもん にしき	Hibotan karakusa hōō-mon nishiki
	95	波斯	ペルシャ	Perusha (Persia)
	140	波斯金莫臥爾織	ペルシャ きん モール おり	Perusha (Perusian) kin mōru ori
	100	辨柄吉野間道	べんがら よしの かんとう	Bengara yoshino kantō
	93	法隆寺獅子狩文錦	ほうりゅうじ ししかりもん にしき	Hōryūji shishikari-mon nishiki
	59	葡萄牙錦	ポルトガル にしき	Porutogaru (Portugal) nishiki
ま	48	紫地大坂蜀錦金襴	むらさきじ おおさかしょっきん きんらん	Murasakiji ōsaka shokkin kinran
	111	萌黄鴛鴦緞子	もえぎ えんおう どんす	Moegi enō donsu
	60	萌黄地龍鳳鶴文金襴錦	もえぎじ りゅうほうかくもん きんらんにしき	Moegi-ji ryū-hō-kaku-mon kinran nishiki
	60	萌黄地麟鳳文金襴錦	もえぎじ りんほうもん きんらん にしき	Moegi-ji rinhō-mon kinran nishiki
	138	莫臥児	モール	Mōru
	114	萬代屋純子	もずや どんす	Mozuya donsu
	59	桃山裂	ももやま ぎれ	Momoyama gire
や	102	彌兵衛間道	やへえ かんとう	Yahē kantō
	100	吉野間道（子持真田入）	よしの かんとう (こもちさなだいり)	Yoshino kantō (komochi-sanada-iri)
	101	吉野五色間道	よしの ごしき かんとう	Yoshino goshiki kantō
ら	90	駱駝文覆盆手錦	らくだもん いちごで にしき	Rakuda-mon ichigo-de nishiki
	111	襴絹純子	らんけん どんす	Ranken donsu
	104	利休間道	りきゅう かんとう	Rikyū kantō
	112	利休純子	りきゅう どんす	Rikyū donsu
	87	龍麒麟蜀江錦	りゅうきりん しょっこう にしき	Ryū-kirin shokkōnishiki
	126	龍之丸金風通裂	りゅうのまる きん ふうつうぎれ	Ryū-no-maru kin fūtsū gire
わ	63	渡裂（菊花入）	わたりぎれ (きっかいり)	Watari gire (Kikka-iri)
	63	渡裂（波文入）	わたりぎれ (なみもんいり)	Watari gire (Nami-mon-iri)
	139	渡裂（人形手）	わたりぎれ (にんぎょうで)	Watari gire (ningyō-de)

	149	紹紦玉兎裂	しょうは たまうさぎ ぎれ	Shōha tama-usagi gire
	157	紹紦朝三暮四文	しょうは ちょうさんぼしもん	Shōha chōsan-boshi-mon
	77	紹紦露草文	しょうは つゆくさもん	Shōha tsuyukusa-mon
	68	紹紦東籬佳色	しょうは とうり けいしょく	Shōha tōrikeishoku
	72	紹紦斜石畳宝尽竜之丸文	しょうは ななめいしだたみ たからづくし りゅうのまるもん	Shōha naname ishidatami takarazukushi ryū-nomaru-mon
	144	紹紦鼠奔葡萄蔓草裂	しょうは ねずみばしり ぶどうつるくさぎれ	Shōha nezumi-bashiri budō tsurukusa gire
	78	紹紦凌霄花文	しょうは のうぜんかずらもん	Shōha nōzenkazura-mon
	79	紹紦梅花文	しょうは ばいかもん	Shōha baika-mon
	76	紹紦扶桑華文	しょうは ハイビスカスもん	Shōha haibisukasu-mon
	78	紹紦繁蔞花文	しょうは はこべら はなもん	Shōha hakobera hana-mon
	74 75	正羽一重牡丹唐草	しょうは ひとえぼたん からくさ	Shōha hitoebotan karakusa
	150	正羽飛龍乗雲丸	しょうは ひりゅう じょううんまる	Shōha hiryū jyō-un-maru
	67	紹紦富貴長命裂	しょうは ふきちょうめい ぎれ	Shōha fukichōmei gire
	156	紹紦福寿蟠桃猿果文	しょうは ふくじゅ ばんとう えんかもん	Shōha fukuju bantō enka-mon
	76	紹紦百合文	しょうは ゆりもん	Shōha yuri-mon
	154	紹紦羊雲裂	しょうは よううんきれ	Shōha yōun kire
	70 71	紹紦利休こぼれ梅文様	しょうは りきゅう こぼれうめ もんよう	Shōha Rikyū koboreume monyō
	55	蜀江錦（七宝入）	しょっこう にしき（しっぽういり）	Shokkō nishiki (Shippō-iri)
	130	蜀江手金風通裂	しょっこうで きん ふうつうぎれ	Shokkō-de kin fūtsū gire
	72	蘇芳嘉卉段織	すおう かき だんおり	Suō kaki dan-ori
	55	蘇文答剌裂	スマトラ ぎれ	Sumatora (Sumatra) gire
た	97	太子間道	たいし かんとう	Taishi kantō
	125	竹之節風通	たけのふし ふうつう	Take-no-fushi fūtsū
	120	炭素結晶文緞子（ダイヤモンド結晶体）	たんそ けっしょうもん どんす（ダイヤモンドけっしょうたい）	Tanso kesshō-mon donsu
	57	西蔵錦	チベット にしき	Chibetto (Tibet) nishiki
	105	茶宇縞	ちゃう じま	Chau jima
	127	蝶丸木賊手金風通裂	ちょうまる とくさで きん ふうつうぎれ	Chō-maru tokusa-de kin fūtsū gire
	47	紬地雲鶴宝尽文金襴	つむぎじ うんかく たからづくしもん きんらん	Tumugi-ji unkaku takarazukushi-mon kinran
	53	紬地人形手金襴	つむぎじ にんぎょうで きんらん	Tsumugi-ji ningyō-de kinran
	99	十彩間道	といろ かんとう	Toiro kantō
	146	虎緞子	とら どんす	Tora donsu
	128	鳥丸金風通	とりまる きん ふうつう	Tori-maru kin fūtsū
な	96	梨地菊唐草	なしじ きく からくさ	Nashi-ji kiku karakusa
	117	人形手花文緞子	にんぎょうで かもん どんす	Ningyō-de ka-mon donsu

	115	吉祥文緞子（鶴亀鹿宝尽文）	きっしょうもん どんす	Kisshō-mon donsu
	52	木下金襴	きのした きんらん	Kinoshita kinran
	58	黄蘗地銀襴唐華文錦	きわだじ ぎんらん からはなもん にしき	Kiwada-ji ginran karahana-mon nishiki
	107	宮内麒麟手間道	くない きりんで かんとう	Kunai kirin-de kantō
	90	小覆盆子手錦	こいちごで にしき	Koichigo-de nishiki
	68	格子地丸龍草花文緞子	こうしじ まるりゅう そうかもん どんす	Kōshi-ji maruryū sōka-mon donsu
	52	高台寺金襴	こうだいじ きんらん	Kōdaiji kinran
	103	小真田入吉野間道	こさなだいり よしの かんとう	Kosanada-iri yoshino kantō
	47	葫蘆吉祥唐草文金襴	ころ きっしょう からくさもん きんらん	Koro kisshō karakusa-mon kinran
	104	今照気	こんてれき	Kontereki
さ	54	嵯峨金襴	さが きんらん	Saga kinran
	116	縞地梅鉢純子（伊予簾裂）	しまじ うめばち どんす（いよすだれ ぎれ）	Shima-ji umebachi donsu (Iyosudare gire)
	101	繻子地間道	しゅすじ かんとう	Shusu-ji kantō
	121	松竹梅純子	しょうちくばい どんす	Shōchikubai donsu
	161	紹紦猪の子文	しょうは いのこもん	Shōha inoko-mon
	162	紹紦牛繁縷文	しょうは うしはこべもん	Shōha ushihakobe-mon
	163	紹紦狗尾草文	しょうは えのころぐさもん	Shōha enokorogusa-mon
	83	紹紦織竹虎図裂	しょうはおり ちっこずぎれ	Shōha-ori chikko-zu gire
	80	紹紦織名物東山緞子	しょうはおり めいぶつ ひがしやま どんす	Shōha-ori meibutsu higashiyama donsu
	83	紹紦織遊猿図裂	しょうはおり ゆうえんず ぎれ	Shōha-ori yūen-zu gire
	152	紹紦襲色菱巳文	しょうは かさねいろひしみもん	Shōha kasaneiro hishimi-mon
	81	紹紦唐華文緞子	しょうは からはなもん どんす	Shōha karahana-mon donsu
	79	紹紦山梔子文	しょうは くちなしもん	Shōha kuchinashi-mon
	158	紹紦鶏花佳容文	しょうは けいかかようもん	Shōha keika kayō-mon
	160	紹紦小犬遊興文	しょうは こいぬゆうきょうもん	Shōha koinu yukyō-mon
	163	紹紦光蕚猪豆文	しょうは こうがくちょとうもん	Shōha kōgaku choto-mon
	145	紹紦仔牛梅鉢文	しょうは こうしうめばちもん	Shōha ko-ushi umebachi-mon
	153	紹紦仔馬緞子	しょうは こうま どんす	Shōha ko-uma donsu
	163	紹紦虎杖文	しょうは こじょうもん	Shōha kojō-mon
	77	紹紦胡蝶蘭	しょうは こちょうらん	Shōha kochōran
	147	紹紦虎豹文裂	しょうは こひょうもん ぎれ	Shōha ko-hyō-mon gire
	152	紹紦上巳文緞子	しょうは じょうしもん どんす	Shōha jōshi-mon donsu
	148	紹紦瑞兆白兎文	しょうは ずいちょう はくともん	Shōha zuichō hakuto-mon
	155	紹紦双羊華文	しょうは そうよう かもん	Shōha sōyō ka-mon
	162	紹紦鼠麹草文	しょうは そきくそうもん	Shōha sokikusō-mon
	151	紹紦龍之落子裂	しょうは たつのおとしご ぎれ	Shōha tatsu-no-otoshigo gire
	159	正羽立涌聞鶏起舞文	しょうは たてわく ぶんけいきぶもん	Shōha tatewaku bunkeikibu-mon

裂地索引（五十音順）

あ	87	丹地牡丹蜀江錦	あかじ ぼたん しょっこう にしき	Akaji botan Shokkō nishiki
	94	茜地牡丹轡唐華文	あかねじ ぼたん くつわ からはなもん	Akane-ji botan kutsuwa karahana-mon
	54	浅葱地紗綾形菊唐草文綾	あさぎじ さやがた きくからくさもん あや	Asagi-ji saya-gata kikukarakusa-mon aya
	92	霰地花文錦	あられじ かもん にしき	Arare-ji ka-mon nishiki
	90	覆盆子手錦	いちごで にしき	Ichigo-de nishiki
	116	伊予簾純子	いよすだれ どんす	Iyosudare donsu
	115	有楽純子	うらく どんす	Uraku donsu
	122	雲鶴緞子	うんかく どんす	Unkaku donsu
	50	江戸和久田金襴	えど わくた きんらん	Edo wakuta kinran
	45	大蔵錦	おおくら にしき	Ōkura nishiki
	48	大坂蜀錦	おおさか しょっきん	Ōsaka shokkin
	131	和蘭風通木綿	オランダ ふうつう もめん	Oranda (Holland) fūtsū momen
か	110	華果唐草文純子	かか からくさもん どんす	Kaka karakusa-mon donsu
	56	加賀錦	かが にしき	Kaga nishiki
	135	花卉莫臥爾織	かき モール おり	Kaki mōru ori
	125	花鳥文金風通裂	かちょうもん きん ふうつう ぎれ	Kachō-mon kin fūtsū gire
	46	花蝶文金襴	かちょうもん きんらん	Kachō-mon kinran
	118	花鳥文緞子（苺盗人）	かちょうもん どんす （いちごぬすっと）	Kachō-mon donsu (Strawberry Thief)
	94	葛城手牡丹唐草	かつらぎで ぼたん からくさ	Katsuragi-de botan karakusa
	105	甲必丹（大縞）	かぴたん（おおじま）	Kapitan (ō-jima)
	99	花文入船越間道	かもんいり ふなこし かんとう	Kamon-iri funakoshi kantō
	136	唐花文金莫臥爾織	からはなもん きん モール おり	Karahana-mon kin mōru ori
	123	唐花文繻珍	からはなもん しゅちん	Karahana-mon shuchin
	73	唐華文紹紦	からはなもん しょうは	Karahana-mon shōha
	109	唐物緞子（瓢簞入）	からもの どんす（ひょうたんいり）	Karamono donsu (hyōtan-iri)
	119	唐物日月純子	からもの にちげつ どんす	Karamono nichi-getsu donsu
	91	刈安牡丹唐草文錦	かりやす ぼたん からくさもん にしき	Kariyasu botan karakusa-mon nishiki
	135	菊唐草金銀莫臥児	きくからくさ きんぎん モール	Kiku karakusa kingin mōru
	92	黄地霰地花文錦	きじ あられじ かもん にしき	Ki-ji arare-ji ka-mon nishiki
	103	黄地小真田入間道	きじ こさなだいり かんとう	Ki-ji kosanada-iri kantō
	57	北野裂	きたの ぎれ	Kitano gire
	69	吉祥福寿文	きっしょう ふくじゅもん	Kisshō fukuju-mon

北村徳齋（きたむら とくさい）

北村徳齋帛紗店九代目当主。昭和三十九年（一九六四）二月二十六日、八代目徳齋（賀一）の長男として西陣に生まれる。本名・北村龍。平成十年、先代の逝去にともない家督を継ぐ。茶道を嗜み茶名・宗龍をいただく。幼少の頃から続けている寺社巡り・御朱印収集やマイナークラシック音源の収集など趣味多数。

写　真　大喜多 政治
　　　　水野 克比古（84・85頁）
デザイン　中井 康史（キャスト・アンド・ディレクションズ）
英訳協力　寛ボルテール

北村徳齋の仕事　裂地爛漫

平成二十九年九月二十九日　初版発行

著　者　北村 徳齋
発行者　納屋 嘉人
発行所　株式会社 淡交社
本社　〒六〇三-八五八八　京都市北区堀川通鞍馬口上ル
営業（〇七五）四三二-五一五一　編集（〇七五）四三二-五一六一
支社　〒一六二-〇〇六一　東京都新宿区市谷柳町三九-一
営業（〇三）五二六九-七九四一　編集（〇三）五二六九-一六九一
www.tankosha.co.jp

印刷・製本　日本写真印刷株式会社

ISBN978-4-473-04191-3